불기소처분 항고기각 고등법원 재정신청서 실무지침서

불기소처분 고등법원 재정신청서 작성방법

편저 : 대한법률콘텐츠연구회

(콘텐츠 제공)

해설 · 최신서식

법문북스

머 리 말

　재정신청이라는 법률용어는 많은 분들이 생소하게 느낄 수 있겠지만 범죄의 피해를 입고 그 피해사실을 검경수사권조정으로 1.부패범죄 2.경제범죄 범죄피해액이 5억 원을 초과하는 사기 등 범죄의 수사권은 검찰에 있고, 그 밖의 대부분의 범죄에 대한 1차적 수사권, 수사종결권은 경찰에 있고, 경찰에 수사권이 있는 고소사건은 경찰에서 검찰에 수사권이 있는 고소사건은 검찰에 고소권자가 범죄피해를 신고(고소)할 수 있습니다.

　경찰에 고소한 사건에 대하여 사법경찰관이 피의자를 수사한 결과 범죄혐의가 인정되어 1차적 수사권에 의하여 기소의견으로 검찰에 송치한 사건이나, 검찰에 수사권이 있는 고소사건에 대하여 검사가 수사한 결과 불기소처분을 하여 고소인 등이 불복으로 고등검찰청에 항고하였으나 고등검찰청에서 항고기각을 결정하여 고소인 등이 수사기관이 아닌 법원에서 검사의 불기소처분이 정당한지 그 여부를 심판해 달라고 고등법원에 청구하는 것을 '재정신청서' 라고 합니다.

　재정신청 사유에는 검사가 불기소처분을 한 이유 중에서 첫째, 법률적인 이론에 대하여 이해를 잘못하고 불기소처분을 한 것은 없는지, 둘째, 수사를 다하지 않고 일부만을 근거로 삼아 불기소처분을 한 잘못은 없는지, 셋째, 어떤 증거를 검사가 배척하거나 증인의 진술을 배척한 채 불기소처분을 내린 결론은 없는지, 넷째, 수사가 제대로 이루어지지 않아 미진한 상태로 불기소처분의 결론을 내린 사실오인은 없는지, 다섯째, 법리를 오해하여 검사가 자의적으로 판단하고 불기소처분을 한 것은 없는지, 여섯째, 조사를 하지 않아 조사가 누락된 상태에서 불기소처분을 한 것은 아닌지 등에 대하여 구체적으로 재정신청 사유로 기재하고 고등법원 재정재판부의 재판장 이하 두 분 판사가 이해하기 쉽게 설명하면 고등법원에서 불기소처분에 대하여 공소제기 결정을 합니다.

　많은 고소인 등은 사법경찰관이 수사한 결과 피의자에 대한 범죄혐의 인정된다고 판단하고 기소의견으로 검찰에 송치한 사건을 검사가 사건기록을 제대로 검토하지 않고 불기소처분을 하여 불복으로 고등검찰청에 항고하였으나 고등검찰청에서도 불기소처분청의 검사가 한 불기소처분은 정당하다고 항고기각을 결정한 것에 대하여 불복하여 항고기각 결정통지를 받은 날부터 30일 내에 검찰총장에게 재항고를 할 수 있음에도 불구하고 이제는 더 이상 수사기관에 불기소처분의 판단을 받는 것보다는 항고기각 결정통지를 받은 날부터 10일 내에 고등법원으로 하여금 불기소처분의 당부를 가려 달라고 재정신청을 하는 분들이 상당히 많아졌습니다.

재정신청서를 받은 고등법원의 재정재판부는 피의사실에 대한 불기소처분의 당부, 말하자면 공소제기의 가능성(유죄의 개연성)과 필요성 유무를 판단하기 때문에 유죄의 개연성 판단에 있어서는 수사기관이 수집한 증거자료를 조사하는 것이 주된 부분을 차지하겠지만, 수사기관의 증거수집 자체에 부족한 경우 고등법원 재정재판부가 증거를 수집하여 정확한 실체 판단을 한다는데 있습니다.

한편 고등법원에서 공소제기의 필요성 판단에서는 공판단계에서의 엄격한 의미의 증거조사 대상에 포섭될 수 없는 양형자료 등 제반 정황사실을 조사하여야 합니다. 재정신청 제도가 기소편의주의에 대한 견제장치라는 점에서 공소제기의 필요성 판단은 중요한 의미가 있고, 형사소송법 제262조 제2항의 증거조사에는 재정재판부에서 증거의 수집이 당연히 포함되는 것이므로 재정신청인은 재정재판부에서 유죄의 개연성 판단에 있어서 수사기관이 수집한 증거자료가 부족하거나 미흡한 경우 고등법원의 재정재판부가 충분한 증거조사를 할 수 있도록 재정신청 이유를 보다 잘 작성하여야 합니다.

재정신청 이유 없는 경우로는 재정재판부에서 재판장 이하 두 분 판사가 고소사실을 인정할 자료가 부족한 경우, 고소사실이 인정되더라도 죄가 되지 않는 경우, 고소사실에 대한 소송조건을 흠결한 경우, 고소사실이 인정되더라도 기소유예를 하는 것이 타당한 경우 등에는 재정신청 기각 결정을 하게 되므로 재정신청인은 이러한 점을 각별히 유의하여 재정신청 사유를 보완할 경우 공소제기 결정을 이끌어 낼 수 있습니다.

검사는 공소제기를 할 때 무죄 가능성이 있다는 이유로 불기소처분을 하는 것은 공소권을 자의적으로 행사하지 않는다는 비판을 초래할 수 있다는 점을 고려할 때 공소제기 결정 단계에 있다고 볼 수 있는 고등법원 재정재판부의 경우 본안소송에서 요구하는 증명의 정도보다 다소 완화된 증명의 정도로도 공소제기 결정을 할 수 있으므로 재정신청 이유에서 충분히 설명하여야 합니다.

검사는 형법 제51조 양형의 조건을 참작하여 공소를 제기하지 아니할 수 있으므로 기소편의주의가 인정되고 기소유예를 할 것인지는 검사의 재량에 속하지만 이와 같은 점을 고려하여 사안의 중대성과 고소인의 보호 필요성, 그리고 국가 형벌권 행사의 필요성, 공소제기를 둘러싼 공익과 피의자의 이익과의 균형, 유사한 사안에서 다른 피의자와의 형평 등을 고려하여 공소제기의 필요성 여부를 재정신청 이유를 통하여 고등법원 재정재판부의 재판장 이하 두 분 판사가 적극적으로 공소제기 결정을 할 수 있도록 제정신청서를 통하여 설명하면 좋은 결과를 얻을 수 있습니다.

　따라서 우리 법문북스에서는 범죄피해를 입고 고소하였으나 검사가 불기소처분을 하여 불복으로 항고하였으나 고등검찰청에서도 불기소처분이 정당하다는 이유로 항고기각 결정이 되어 이제는 수사기관보다는 법원에서 검사의 불기소처분에 대한 당부를 다시 한 판단을 받으려는 고소인 등이 남의 힘을 빌리지 않고도 스스로 고등법원에서 공소제기 결정을 받아 낼 수 있도록 재정신청 사유는 어떻게 구성하고 작성해야 하는지, 재정신청 절차는 어떻게 진행되고 공소제기 결정을 받는데 전혀 법률전문가의 도움 없이도 고소인 등이 직접 해결할 수 있도록 하는 실무지침서를 적극 권장하고 싶습니다.

- 편저자 -

차 례

불기소처분 재정신청서

제1장 불기소처분 고등법원 재정신청

1. 재정신청의 의의

재정신청(裁定申請)은 국가기관인 검사가 고소 및 일정한 고발사건 등 에 대하여 수사한 결과 혐의 없음 등 불기소처분하는 경우, 그 불기소처분에 불복한 고소인 등이 고등법원에 그 불기소처분이 타당한지를 다시 묻는 것을 말합니다.

예를 들어 고소나 고발을 한 사람이 검사로부터 공소를 제기하지 않겠다는 불기소처분통지를 받은 뒤 그 검사가 소속된 지방검찰청이나 지청을 거쳐 관할 고등법원에 검사가 한 불기소처분이 옳은 것인지 다시 결정해달라고 신청하는 것입니다

2. 수사절차

검경수사권조정에 의하여 1.부패범죄 2.경제범죄 피해액이 5억 원 이상인 사기 등의 범죄의 수사권만 검찰에 있고, 나머지 대부분의 범죄의 1차적 수사권, 수사종결 권은 경찰에 있으므로 검찰에 수사권이 있는 고소사건은 검사가 수사하여 피의자에 대한 범죄혐의 유죄로 인정되면 공소를 제기하고, 범죄혐의 인정되지 않으면 불기소처분을 합니다.

경찰에 1차적 수사권, 수사종결 권이 있는 고소사건은 사법경찰관이 수사한 결과 피의자에 대한 범죄혐의 인정되면 1차적 수사권에 의하여 기소의견으로 검찰에 송치하고, 피의자에 대한 범죄혐의 인정되지 않으면 수사종결 권에 의하여 불 송치(경찰에 수사권이 있는 고소 등 사건을 1차적 수사권에 의하여 기소의견으로 검찰에 송치하지 아니하고, 경찰에서 수사종결권에 의하여 고소 등 사건을 자체적으로 종결처리 한다는 뜻입니다) 결정을 할 수 있습니다.

3. 불기소처분

검사는 사법경찰관이 수사한 결과 1차적 수사권에 의하여 피의자에 대한 범죄혐의 인정되어 기소의견으로 검찰에 송치한 고소사건이나 사법경찰관이 피의자에 대한 범죄혐의 인정되지 않는다는 판단으로 불 송치 결정을 하여 고소인이 불복으로 이의신청을 하여 검찰로 송치된 사건에 대하여 다시 사법경찰관에게 보완수사를 하게하고 기소 여부를 결정할 때는 소추요건의 흠결 등으로 인하여 소추가 불가능(①공소권 없음 ②죄가 안 됨 ③혐의 없음)하거나, 소추가 가능하다 하더라도 소추의 필요성이 없어(④기소유예) 공소를 제기하지 아니하는 검사의 종국처분을 '불기소처분' 이라고 합니다.

4. 사건의 재기

검사의 종국처분인 불기소처분은 판결의 경우와 같이 기판력이 발생하는 것도 아니고 검사가 불기소처분을 하였다고 하여 공소권이 소멸하는 것도 아니므로 예를 들어 검사가 수사한 사건이건 사법경찰관이 수사하여 기소의견으로 송치한 사건이건 검사가 혐의 없음 등의 불기소처분 후 새로운 증거를 발견한다든가 기소유예 처분 후 그에 상당하지 않은 사정이 새로이 발견되는 경우에는 공소시효가 완성된 경우가 아닌 한 언제든지 검사는 사건을 재기하여 기소를 할 수가 있습니다.

5. 불기소처분 항고 절차

가. 항고

검사의 불기소처분에 불복이 있는 고소인 등은 검사의 불기소처분통지를 받은 날부터 30일 이내에 그 검사가 속하는 지방검찰청이나 지청을 거쳐 서면으로 관할 고등검찰청검사장에게 항고할 수 있습니다.

나, 고등검찰청의 처분

고등검찰청은 고소인 등의 항고가 이유 있는 것으로 인정되면 사안에 따라 (1)재기수사명령 (2)공소제기명령 (3)주문변경명령 (4)직접 수사 경정하여 처리하고, 항고가 이유 없는 것으로 인정되거나 항고기간을 도과하여 항고장이 접수된 경우 항고기각의 결정을 합니다.

제2장 불기소처분 재정신청 절차

1. 재정신청 방법

재정신청은 고등검찰청으로부터 항고기각의 결정을 통지받은 날부터 10일 이내에 불기소처분을 한 그 지방검찰청검사장 또는 지청장에게 재정신청을 하시면 됩니다.

재정신청을 하려면 항고전치주의에 의하여 검찰청법 제10조에 따른 항고를 거쳐야 합니다.

따라서 항고인은 고등검찰청검사장의 항고기각 결정에 불복하는 경우 항고기각 결정을 통지받은 날부터 30일 이내에 그 불기소처분을 한 그 검사가 속한 고등검찰청을 거쳐 서면으로 검찰총장에게 '재항고'를 할 수 있습니다.

다만 항고기각 결정을 통지받은 날부터 10일 내에 '재정신청'을 할 수 있고 재정신청을 한 경우에는 검찰총장에 대한 재항고는 할 수 없고, 10일 내에 재정신청을 하지 않은 경우 30일 안에 검찰총장에게 재항고를 할 수 있습니다.

2. 검찰청에서의 처리

항고전치주의(고소인 등이 재정신청을 하려면 먼저 검찰항고 절차를 거쳐야 한다는 뜻입니다) 사건의 경우 형사소송법 제260조 제3항에 따라 고소인 등이 '재정신청'을 한 경우 지방검찰청검사장 또는 지청장은 재정신청서를 제출받은 날로부터 7일 이내에 (1)재정신청서 (2)의견서 (3)수사 관계 서류 및 증거물을 관할 고등검찰청을 경유하여 관할 '고등법원'에 송부하여야 합니다.

3. 고등법원에서의 처리

고등법원은 고등검찰청으로부터 재정신청서를 송부받은 날로부터 3개월 이내에 항고의 절차에 준하여 (1)재정신청이 이유 있을 때에는 '공소제기 결정'을 합니다. (2)재정신청이 법률상의 방식에 위배되거나 이유가 없을 때에는 '재정신청 기각결정'을 합니다.

공소제기 결정과 기각 결정에 대하여는 불복할 수 없고, 기각결정이 확정된 사건에 대하여는 다른 중요한 증거를 발견한 경우를 제외하고는 기소할 수 없습니다.

고등법원이 공소제기 결정을 하는 경우 즉시 그 재정결정서 정본을 사건기록과 함께 불기소처분을 한 지방검찰청이나 지청에 송부하여야 합니다.

4. 공소제기 수행

공소제기 결정을 송부 받은 관할 지방검찰청검사장 또는 지청장은 지체 없이 담당 검사를 지정하고 담당 검사로 지정된 검사는 공소를 제기하여야 합니다. 공소제기 결정이 있는 때에는 공소시효에 관하여 그 결정이 있는 날에 공소가 제기된 것으로 보며, 검사는 공소제기 결정에 따라 공소를 제기한 때에는 이를 취소할 수 없습니다.

제3장 불기소처분 재정신청 사유

1. 재정신청 사유의 중요성

재정신청서에는 재정신청의 대상이 되는 사건의 범죄사실 및 증거 등 재정신청을 이유 있게 하는 재정신청 사유를 형식적인 기재순서보다는 재정신청사건을 심판하고 처리하는 고등법원 재정재판부의 심증을 움직이는 데 초점을 맞추고 논리에 맞도록 하며, 분량을 적절히 조절하여 재정신청서만 읽고도 불기소처분 청의 검사가 한 불기소처분의 법적근거로 삼은 것이 왜 잘못됐다는 것인지 고등법원의 재판장 이하 두 분 판사가 확인하고 즉시 조사할 수 있도록 재정신청 사유를 잘 작성해야 합니다.

형사소송법 제262조 제4항 후문은 '재정신청 기각결정이 확정된 사건에 대하여는 다른 중요한 증거를 발견한 경우를 제외하고는 소추할 수 없다' 고 규정하고 있습니다. 다른 중요한 증거를 발견한 경우의 의미는 '재정신청 기각결정 당시에 제출된 증거에 새로 발견된 증거를 추가하면 충분히 유죄의 확신을 가지게 될 정도의 증거가 있는 경우를 말합니다.

재정신청은 검사의 불기소처분에 대하여 그 당부의 심사를 법원에 신청하는 제도입니다. 재정신청은 검사의 자의적인 불기소처분에 대한 사법적인 견제 제도로서 검찰 내부의 통제인 검찰청법 제10조의 항고 및 재항고의 절차와는 구별됩니다.

재정신청절차의 심판대상을 형사소송법 제260조 및 제262조의 법문에 충실하게 '재정신청 이유' 의 유무이고 구체적으로는 검사의 불기소처분의 당부입니다. 재정신청의 구조는 '공소제기의 가능성과 필요성 존부' 또는 '유죄판결의 개연성과 공소제기의 필요성 존부' 로 파악하고 재정신청 사유를 작성하는 것이 자연스러울 뿐만 아니라 실무상으로도 타당하다 할 수 있습니다.

불기소처분에 고소사실 또는 이에 관한 판단이 누락된 경우 별도의 기소중지 등 명시적인 결정이 없는 이상 검사가 공소를 제기하지 않는 처분을 한 것으로 보기 때문에 불기소처분에서 누락된 고소사실은 재정신청의 대상이 됩니다.

고소사실 중 일부가 기소된 사안에서 기소된 부분과 불기소되어 재정신청의 대상이 된 부분이 과형 상 일죄의 관계에 있는 경우에는 공소불가분의 원칙과의 관계가 문제됩니다. 말하자면 일죄는 그 일부가 기소될 경우 전부에 대하여 공소제기의 효력이 미치고 기판력도 미치게 되며, 누락된 일부 사실을 법원의 심판대상으로 삼기 위해서는 별도의 기소가 아닌 공소장변경의 형식을 취하여 합니다.

재정신청서를 10일 내에 지방검찰청이나 지청에 제출하도록 한 것은 검찰에서 고소인 등이 제출한 재정신청서를 제출받아 불기소처분의 당부에 관하여 다시 재검토할 기회를 주기 위한 것입니다.

재정신청인으로서는 재정신청 사유로 검사가 불기소처분을 한 이유 중에서 (1)법률적인 이론에 대하여 이해를 잘못하고 행한 것은 없는지 (2)수사를 다하지 않고 일부만을 근거로 삼아 내린 잘못은 없는지 (3)증거를 검사가 배척하거나 증인의 진술을 배척한 채 내린 결론은 없는지 (4)수사가 미진한 상태로 결론을 내린 사실오인은 없는지 (5)법리를 오해하여 검사가 자의적으로 판단한 것은 없는지 (6)조사를 하지 않아 조사가 누락된 것은 없는지 등에 대하여 구체적으로 재정신청 사유를 기재하고 고등법원 재정재판부의 재판장 이하 두 분 판사가 이해하기 쉽게 설명하여야 효과적입니다.

재정신청서에 재정신청의 대상이 되는 사건의 범죄사실 및 증거 등 재정신청을 이유 있게 하는 사유를 기재하도록 한 것은 재정신청사건에서 고등법원의 심판의 범위를 정함과 더불어 재정신청의 근거를 명시하게 함으로써 재정신청의 남발을 방지하려는데 있습니다.

    실무에서는 재정신청의 근거를 어느 정도까지 밝혀야 기재요건을 충족한 것으로 볼 것인지가 문제입니다. 그런데 형사소송법 개정으로 재정신청이 획기적으로 확대되었고 법률에 문외한인 고소인의 권리보호 필요성 등을 고려한다면 재정신청서의 기재요건을 지나치게 엄격하게 요구하는 것은 형사소송법 개정의 취지에 크게 반하는 것입니다.

    그러나 재정신청서에 단순히 '불기소처분이 부당합니다.' 라는 정도만 기재한 경우에는 재정신청서의 기재요건을 충족하였다고 보기 어려울 것입니다. 재정신청서에 검사의 불기소처분의 부당성을 구체적으로 잘못된 법적근거를 지적하거나 피의자의 진술이 실제 사실과 어떤 부분 무엇이 왜 다르다는 것인지 주장하면서 그 진술의 부당함을 반박하는 내용 등이 기재되어 있다면 재정신청을 이유 있게 하는 기재요건이 충족되었다고 할 수 있습니다.

    재정신청은 불충분한 검사의 수사를 보충하려는 것에 주된 목적이 있는 것이 아니므로 재정신청인은 피의자를 특정하여야 합니다. 피의자의 성명까지 기재할 것을 요구할 수는 없지만, 적어도 피의자가 누구인지를 재정신청서와 제출한 증거 등에 의하여 특정할 수 있을 정도는 되어야 합니다.

    실무상 재정신청서를 제출하면서 신청이유 등을 추후 제출하겠다고만 재정신청서에 기재하고 이후 재정신청이유 등을 따로 제출하는 경우가 상당히 많습니다. 재정신청기간이 경과하면 재정신청권은 소멸하고, 기간 경과 후의 재정신청은 부적법합니다. 대법원은 재정신청기간을 경과하여 재정신청에 관한 사유를 기재한 서면의 제출로는 이미 제출한 재정신청서의 하자를 추완 하지 못한다고 판시하고 있으므로 재정신청서에 재정신청 사유를 기재하지 않고 위와 같이 나중에 재정신청 사유를 제출하는 것은 부적법하므로 주의를 기울려야 합니다.

2. 고등법원의 심판

재정신청서를 받은 고등법원의 재정재판부는 피의사실에 대한 불기소처분의 당부, 말하자면 공소제기의 가능성(유죄의 개연성)과 필요성 유무를 판단합니다. 유죄의 개연성 판단에 있어서는 수사기관(경찰이나 검찰)이 수집한 증거자료를 조사하는 것이 주된 부분을 차지하겠지만, 수사기관(경찰이나 검찰)의 증거수집 자체에 부족한 경우 고등법원 재정재판부가 증거를 수집하여 정확한 실체 판단을 할 필요가 있습니다.

또한 공소제기의 필요성 판단에서는 공판단계에서의 엄격한 의미의 증거조사 대상에 포섭될 수 없는 양형자료 등 제반 정황사실을 조사하여야 합니다. 재정신청 제도가 기소편의주의에 대한 견제장치라는 점에서 공소제기의 필요성 판단은 중요한 의미가 있고, 형사소송법 제262조 제2항의 증거조사에는 재정재판부에서 증거의 수집이 당연히 포함되는 것이므로 재정신청인은 재정재판부에서 유죄의 개연성 판단에 있어서 수사기관(경찰이나 검찰)이 수집한 증거자료가 부족하거나 미흡한 경우 충분한 증거조사를 할 수 있도록 재정신청 이유를 보다 잘 작성하여야 합니다.

재정신청 이유 없는 경우로는 (1)재정재판부에서 재판장 이하 두 분 판사가 고소사실을 인정할 자료가 부족한 경우, (2)고소사실이 인정되더라도 죄가 되지 않는 경우, (3)고소사실에 대한 소송조건을 흠결한 경우, (4)고소사실이 인정되더라도 기소유예를 하는 것이 타당한 경우 등에는 재정신청 기각 결정을 하게 됩니다.

공소제기를 할 때 무죄 가능성이 있다는 이유로 검사가 불기소처분을 하는 것은 공소권을 자의적으로 행사하지 않는다는 비판을 초래할 수 있다는 점을 고려할 때 공소제기 결정 단계에 있다고 볼 수 있는 고등법원 재정재판부의 경우 본안소송에서 요구하는 증명의 정도보다 다소 완화된 증명의 정도로도 공소제기

결정을 할 수 있으므로 재정신청 이유에서 충분히 설명하여야 합니다.

검사는 형법 제51조 양형의 조건을 참작하여 공소를 제기하지 아니할 수 있으므로 기소편의주의가 인정되고 기소유예를 할 것인지는 검사의 재량에 속합니다. 이와 같은 점을 고려하여 (1)사안의 중대성과 고소인의 보호 필요성, (2)그리고 국가 형벌권 행사의 필요성, (3)공소제기를 둘러싼 공익과 피의자의 이익과의 균형, (4)유사한 사안에서 다른 피의자와의 형평상 등을 고려하여 공소제기의 필요성 여부를 재정신청 이유를 통하여 고등법원 재정재판부의 재판장 이하 두 분 판사가 적극적으로 공소제기 결정을 할 수 있도록 재정신청 사유로 설명하여야 합니다.

범죄의 혐의가 충분하고 소송조건이 구비되어 있는 경우에도 개개의 구체적 사안에 따라 형법 제51조 양형의 조건에서 정한 사항을 참작하여 불기소처분을 할 수 있는 재량을 검사가 갖고 있기는 하나 그 재량에도 스스로 합리적인 한계가 있는 것으로서 이 한계를 검사가 초월하여 기소를 하여야 할 극히 상당한 이유가 있는 사안임에도 불구하고 불기소처분을 한 경우 재정신청 이유를 통하여 이것은 기소편의주의의 법리에 어긋나는 부당한 조치라고 밝히시면 됩니다.

피의자가 저지른 범행의 동기와 방법, 결과, 기타의 정황을 이루는 사유들에 비하여 누가 보더라도 유죄가 명백함에도 불구하고 검사가 불기소처분을 한 것은 현저히 불합리한 것이라는 사실을 재정신청 사유에 구체적으로 기재하고 밝히셔야 합니다.

재정신청서는 항고기각 결정을 통지받은 날부터 10일 내에 불기소처분청에 제출하여야 하고 재정신청서는 수사기록과 함께 고등검찰청을 경유하여 관할 고등법원에 제출되기 때문에 반드시 재정신청서에는 재정신청 이유를 기재하여야 하며, 재정신청서만 제출하고 재정신청 이유는 추후 제출하겠다고 기재하고 재정신청서를 제출하면 부적법하고, 재정신청은 재정신청 이유와 수사기록을 비교, 검토하여 불기소처분의 당부를 가리는 재판이지 고등법원 재정재판부에서는 수사를 할 수 없기 때문입니다.

 수사기록에 의하여 공소제기를 할 경우 유죄가 선고될 정도로 수사가 이루어졌다고 판단되면 재정신청으로 불기소처분을 바로 잡는 것이 가능하지만, 수사가 미진한 부분이 있다거나 수사에 의하여 보완수사 내지 재수사를 통하여 최종적으로 공소제기 여부를 결정해야 하는 등 추가 수사의 필요성이 요구되는 경우에는 재항고를 제기하고 대검찰청에서 재기수사명령으로 부족한 증거에 대한 보완수사를 하게 하여 공소를 제기하도록 하는 것이 현명한 방법일 수도 있습니다.

제4장 고등법원 재정재판부의 판단

1. 증거조사

고등법원 재정재판부가 사안을 심리함에 있어서 이미 수사가 충분히 이루어진 경우에는 재정신청이 이유 있는지 없는지를 판단하기 쉽기 때문에 재정 결정을 내리기도 어렵지 않습니다.

재정신청이 이유 있을 때는 공소제기 결정을 하면 되고, 재정신청이 이유 없을 때는 기각결정을 하면 되기 때문입니다.

그러나 수사가 충분히 이루어지지 않았을 때는 재정신청이 이유 있는지 여부를 판단하기 쉽지 않습니다. 이처럼 수사미진으로 인하여 재정신청이 이유 있는지 여부를 판단하기 어려운 경우 재정법원이 공소제기를 결정하기 어렵기 때문에 불가피하게 '의심스러울 때는 피고인에게 유리하게' 원칙상 기각결정을 할 수밖에 없습니다.

검찰의 불기소처분에 대한 불복방법으로 헌법소원이 가능할 때에는 헌법재판소가 '수사미진'을 이유로 '자의적인 공권력 행사'라고 판단하여 검사의 불기소처분을 취소한 사례가 많았는데 헌법소원이 재정신청으로 '대체' 되면서 오히려 수사미진의 경우 재정신청이 불가피하게 기각되어 사안이 종료되는 모순이 발생하고 있습니다.

2. 증거조사의 필요성

형사소송법 제262조 제2항에 따라 재정신청사건의 심리는 항고의 절차에 준하도록 되어 있습니다. 필요한 때에는 증거조사를 실시할 수 있으므로 고등법원 재정재판부는 실체 진실을 적극적으로 발견할 의무와 권한이 있습니다.

수사가 충분히 이루어지지 않은 상태로'증거조사가 필요한 때'에 해당되므로 증거조사를 철저히 하여 재정신청이 이유 있는지 여부를 판단하여야 합니다.

수사기관이 처음부터 수사를 충실하게 하지 않아서 결과적으로 고등법원 재정재판부는 수사를 할 수 없기 때문에 재정신청마저 기각되는 것은 공정하지 못합니다.

고소인 등으로서는 재정신청이 기각되면 그것으로 모든 것이 끝나버리게 됩니다.

재정신청은 불기소처분의 적법성과 타당성을 심사하는 고등법원의 재정재판부의 재판장 이하 두 분 판사가 필요 있는 때에는 증거를 조사할 수 있으므로(형사소송법 제262조 제2항), 증거자료가 부족하여 공소제기 명령을 할 수 없지만 수사를 더 하라는 취지로 불기소처분을 취소할 수 있는 경우를 상정할 수도 없습니다.

수사미진으로 재정신청이 이유 있는지 여부를 판단할 수가 없어서 기각결정 또는 인용결정을 내리기 어려운 때에 한하여 재정재판부에서 자체적으로 조사를 하거나 수사기관에 보완수사를 명하여 미진한 수사를 하게 할 법적제도를 신설할 필요가 있다고 봅니다. 말하자면 수사가 미진한 때 증거조사는 고등법원 재정재판부가 담당하고, 보완수사는 재정변호사가 역할분담을 하는 것이 바람직하다고 보입니다.

검사들은 누구나 열심히 일하고 있으며 공정하게 사건을 처리하고자 노력하고 있습니다. 그러나 검사라고 해서 누구나 완전할 수는 없습니다. 실수도 하고 잘못을 저지를 수 있습니다. 무엇보다 통제 없는 권력은 부패하기 쉽습니다. 검사의 불기소처분이 모두 완벽할 수만은 없다는 뜻입니다.

불고불리 원칙상 검사가 기소하지 않으면 재판을 할 수 없습니다.

재정신청은 기소독점·편의주의로 인한 검사의 불기소처분의 권한 남용을 방지하기 위하여 고소인 등이 불공정하다고 느끼는 검사의 불기소처분에 대해서 고등법원으로 하여금 심사를 한 번 더 받는 것입니다. 그런데 재정신청이 고등법원 재정재판부에서 심리가 충실하게 이루어지지 않는다면 아무런 의미가 없게 됩니다.

재정재판부에서도 증거조사는 실효성 있게 행해져야 합니다.

수사미진의 경우 증거조사를 통하여 철저히 재정신청이 이유 있는지 여부를 명확히 가려야 합니다.

형사소송법 제262조 제4항 후문은 "재정신청 기각결정이 확정된 사건에 대하여는 다른 중요한 증거를 발견한 경우를 제외하고는 소추할 수 없다"고 규정하고 있습니다. 여기서의 '다른 중요한 증거를 발견한 경우'의 의미에 대하여, "재정신청 기각결정 당시에 제출된 증거에 새로 발견된 증거를 추가하면 충분히 유죄의 확신을 가지게 될 정도의 증거가 있는 경우를 말하고, 단순히 재정신청 기각결정의 정당성에 의문이 제기되거나 범죄피해자의 권리를 보호하기 위하여 형사재판절차를 진행할 필요가 있는 정도의 증거가 있는 경우는 여기에 해당하지 않는다."라고 해석하고 있습니다.

형사소송법 제262조 제4항 후문에 정한 '다른 중요한 증거를 발견한 경우'의 의미에 대해 명시적으로 판시한 최초의 대법원 판결이라는 의의가 있습니다. 이는 공소취소에 의한 공소기각의 결정이 확정된 사건에서 재기소 제한의 예외사유인 '다른 중요한 증거'의 해석에 대한 기존 판례의 확립된 태도와도 그 맥락을 같이 합니다.

피의자의 법적 안정성 보호의 관점에서는 물론, 입법연혁과 입법취지를 고려한 목적론적 해석 및 체계적 해석 등 여러 다양한 관점에서 보더라도, 이와 같은 엄격한 제한해석은 타당한 결론이라 할 수 있습니다.

검사는 기소여부의 판단에 있어서 주관에 흐르기 쉬운 형법 제51조 양형의 조건의 상항만을 기계적으로 적용하는 데 그칠 것이 아니라 공익상 필수적인 법통일의 원칙과 법 앞의 평등 원칙 등을 고려하여야 할 시점에 와 있습니다.

사법경찰관이나 검사가 의도적으로 무능하게 수사를 게을리 한다면 분명히 기소되어 처벌을 받아야 할 사건도 처벌하기 어려워지기 때문입니다.

한번 부실한 수사가 개입되고 나면 항고나 재항고나 재정신청을 해도 결과는 기각입니다. 증거가 부실하고 처음부터 혐의 없음 또는 증거불충분으로 증거가 부실한데 어떻게 항고하고 재항고하고 또 재정신청을 한다고 해서 처벌할 수 없습니다. 고등검찰청의 검사나 재정신청 재정재판부의 재판장 이하 두 분 판사가 피해자를 대신해서 증거도 찾고 처벌하려고 대대적인 수사를 할 수도 없고 안 합니다. 지금까지 혐의 없음으로 조사하여 확보된 그 수사기록만 보고 다시 유무죄를 판단할 뿐입니다. 말하자면 부실수사는 따로 판단하지 않습니다.

따라서 고등검찰청의 검사나 재정신청 재정재판부의 재판장 이하 두 분 판사가 별도로 고소사건에 대한 부실수사를 찾아내 판단하도록 의무화하는 법을 신설하여야 합니다. 수사기록만 보고 죄가 되느냐 안 되느냐에 초점을 맞춰 판단할 것이 아니라 성실하게 부실수사의 증거를 찾아내라고 하고 최선을 다했는지 여부부터 판단하도록 해야 합니다.

임상경험이 많은 노련한 의사가 더 정확하게 진단할 수 있듯이 여러 해 동안 다양한 사건에 대하여 재정심판의 경험이 풍부한 재정재판부의 재판장 이하 두 분 판사가 불기소처분 된 수사기록을 면밀히 검토해 분석하면 고소인 등이 불기소처분에 불복하는 재정신청 이유가 어디에 있는지 또는 불기소처분을 한 검사의 불기소처분이 왜 잘못된 것인지 여부를 잘 밝혀낼 수 있습니다.

일선 검찰에서의 불기소처분에 잘못이 있다면 이미 고등검찰청에서 불복절차를 거쳐 검찰자체 내에서 시정되는 것이 바람직합니다. 그렇게 되어야 일반국민이 검찰을 더 신뢰할 것입니다. 검찰항고에서 불기소처분의 잘못을 시정하지 못하여 고등법원에 제기한 고소인의 재정신청은 고등법원의 역할이 중요하고 그 책임 또한 막중하다 할 것입니다.

우리나라는 검사만이 기소를 할 수 있는 기소독점주의를 채택하고 있고 사인소추제도를 도입하지 않고 있습니다. 이것은 어떠한 범죄의 피해자도 법원에 직접 범인을 처벌하여 달라고 호소할 수 없고, 오로지 검사들만이 모든 범죄피해자의 입장을 독점적으로 대변할 수 있다는 것입니다.

법원에 직접 범인의 처벌을 호소할 수 없는 피해자들은 검경수사권조정에 의하여 경찰이나 검찰에 고소장을 제출할 수밖에 없고 수사한 결과 피의자에 대한 범죄혐의 인정되면 경찰은 기소의견으로 검찰에 송치하여야 하기 때문에 요즘 검찰은 피해자들을 너무나 홀대하고 있습니다.

이것은 수사권을 경찰에 넘겼다고 해서 기소독점권을 가진 검사들이 취할 올바른 태도가 아닙니다. 그렇게 하려면 기소독점권을 포기하는 것이 맞습니다.

검경수사권조정 전에는 업무가 과중하다는 변명을 하더니 이제는 수사권을 빼앗겼다는 이유로 피해자를 불기소처분으로 홀대해서는 안 됩니다. 남아서 넘치는 것이 법조인이니 검사들의 업무가 과중하면 부족한 인원을 충원해서라도 문제를 해결해야 할 것입니다. 검찰의 유일한 지지자들은 범죄의 피해자들인데, 경찰에서 기소의견으로 송치하면 불기소처분이 되는 고소사건을 요즘처럼 소홀하게 불기소처분으로 처리하면 그들마저 검찰에 등을 돌리게 될 것입니다.

고소인 피해자들이 받아보는 불기소처분 결정문은 검사마다 작성 방식이 제각각인 게 현실입니다. 단 몇 줄만으로 작성되는 경우도 있는 반면, 판결문에 가깝게 충실히 법리검토가 돼 상세한 설명을 하는 경우도 더러 있습니다.

사건의 사실관계에 따라 경찰 수사단계에서 제대로 처리했다면 비록 한 두 줄로 처리되더라도 불기소처분 결정문을 짧게 적는 게 오히려 명확한 경우도 있다고 할 수 있습니다. 불기소처분에 불복이 있어 항고를 하고 재정신청을 하려는 고소인 피해자들에게는 아주 부당한 것입니다.

요즘 사법경찰관이 수사한 결과 기소의견으로 검찰에 송치하면 검찰의 고소사건 수사가 너무 소홀하고 불기소처분이 많습니다. 얼마 전까지만 해도 사법경찰관이 수사한 결과 기소의견으로 송치하면 검찰은 주임검사가 정해지면 대부분의 사건은 검사가 직접 수사를 하지 않고 그날 또는 그 다음날 경찰이 작성한 의견서를 그대로 끌어다가 불기소이유를 작성해 불기소처분을 했습니다.

누구보다 실체적 진실발견에 민감해야 할 검사들이 업무처리의 편의 때문에 불기소처분을 선호한다는 것은 도무지 말이 안 되는 것 같아 보입니다. 하지만, 일선 검사들의 불기소처분에 대하여 고등검찰청의 검사들이 재기수사명령을 자제하고 있고, 상급청에서 실시하는 사무 감사의 중점도 사건처리에 대한 감사보다는 정책감사 쪽에 비중을 두는 방향으로 변경되었다고 하니, 검사들이 어렵고 애매한 사건을 처리할 때 사후적 통제가 상대적으로 가벼운 불기소처분을 선택하는 데 부담을 덜 느낀다는 풍문도 사실일 수 있다는 생각이 듭니다.

3. 검찰항고를 거치지 않고 재정신청 할 수 있는 경우

예를 들어 고소인이 피고소인을 사기죄로 고소하였으나 검사는 피고소인에 대하여 혐의 없음으로 불기소처분을 하였습니다. 고소인은 억울한 마음에 불기소처분에 대하여 관할 고등검찰청 검사장에게 항고를 하였는데 항고장을 접수한지 4개월이 훨씬 지나도록 아무런 결정이 되지 않고 있습니다. 더 이상 기다리기 힘들어 그냥 법원에 재정신청을 하고 싶은데, 항고절차가 진행 중인 지금 재정신청을 하는 것이 가능한지가 의문입니다.

법원에 재정신청을 하기 위해서는 검찰청법 제10조에 따른 항고를 거쳐야 합니다.(형사소송법 제260조 제2항 본문)

그러나 ①항고 이후 재기수사가 이루어진 다음에 다시 공소를 제기하지 아니한다는 통지를 받은 경우 ②항고 신청 후 항고에 대한 처분이 행하여지지 아니하고 3개월이 경과한 경우 ③검사가 공소시효 만료일 30일 전까지 공소를 제기하지 아니하는 경우에는 검찰청법상의 항고를 거치지 않고 곧바로 법원에 재정신청을 할 수 있습니다.(형사소송법 제260조 제2항 단서)

고소인은 항고를 제기한지 4개월이 경과하도록 항고에 대한 처분이 이뤄지지 않았으므로 더 이상 항고의 결과를 기다릴 필요 없이 곧바로 고등법원에 재정을 신청하는 것이 가능합니다.

4. 재정신청 기각결정에 대한 대법원의 즉시항고

고등법원의 재정신청 기각결정에 대해 대법원에 재항고할 수 없도록 한 것은 위헌이라는 헌법재판소 결정이 나왔습니다. 이번 결정으로 고법의 재정신청기각결정에 법령 위반의 사유가 있으면 대법원에 재항고할 수 있는 길이 열렸습니다.

헌법재판소는 이 모 씨가 "재정신청이 기각된 경우 대법원에 재항고할 수 없도록 한 것은 재판청구권과 평등권을 침해한다." 며 낸 헌법소원심판사건에서 재판관 7(한정위헌):1(합헌)의 의견으로 "형사소송법 제262조 제4항은 '불복' 에 형사소송법 제415조의 재항고도 포함되는 것으로 해석하는 한 헌법에 위반된다." 며 한정위헌결정을 내렸습니다.

형사소송법 제262조 제4항은 재정신청에 대한 인용 또는 기각 결정에 대해 일체의 불복을 할 수 없다고 규정하고 있습니다. 이번 결정으로 고등법원에서 기각결정을 받은 재정신청인은 형사소송법 제415조 재항고 규정에 따라 기각 결정이 재판에 영향을 미친 헌법·법률·명령 또는 규칙의 위반이 있음을 이유로 대법원에 즉시항고(卽時抗告)를 할 수 있게 됐습니다. 즉시항고는 재판 결정에 대해 형사소송에서는 3일 안에 제기하는 불복 신청으로 보통항고와는 달리 원칙적으로 집행 정지의 효력이 있습니다.

헌법재판소는 "헌법 제107조 제2항은 '명령·규칙 또는 처분이 헌법이나 법률에 위반되는 여부가 재판의 전제가 된 경우에는 대법원이 최종적인 심사권한을 가진다.' 고 규정하고 있다" 며 "명령·규칙 또는 처분의 위헌·위법 여부에 관한 하급법원의 재판에 대해서는 반드시 대법원까지 상소할 수 있는 제도적 장치가 마련돼야 한다." 고 밝혔습니다. 이어 "따라서 법원이 검사의 불기소처분의 위법·부당 여부를 심사하는 재정신청절차에서 불기소처분이 위헌·위법인지 여부가 문제된 사건은 반드시 대법원까지 상소할 수 있는 제도적 장치가 마련돼야 한다." 고 설명했습니다.

헌법재판소는 "그렇지 않고 재정신청 기각결정에 대한 일체의 재항고를 허용하지 않는다면 대법원에 명령·규칙 또는 처분의 위헌·위법 심사권한을 부여해 법령해석의 통일성을 기하고자 하는 헌법규정의 취지에 반할 뿐 아니라, 헌법재판소법에 의해 법원의 재판이 헌법소원의 대상에서 제외돼 있는 상황에서 재정신청인의 재판청구권을 지나치게 제약하는 것이 된다." 고 지적했습니다.

또 "다른 법률에서 하급심의 결정에 대해 처분의 법령위반에 대한 판단이 부당한 때에는 대법원에 재항고를 할 수 있도록 하거나 대법원의 심리를 받을 수 있도록 규정하고 있는 점 등을 고려할 때, 재항고가 허용되는 고등법원의 여타 결정을 받은 사람과 비교해 합리적 이유 없이 재정신청인을 차별 취급해 평등권을 침해하는 것이 된다." 고 덧붙였습니다.

고소인이 업무상 배임 혐의로 고소한 사건을 부산지검 검사가 불기소처분을 하자 부산고법에 재정신청을 했습니다. 고등법원에서도 기각결정을 내리자 상고하려고 했으나 형사소송법 제262조 제4항에 따라 불복을 할 수 없게 된 사실을 알고 같은 해 헌법소원을 냈습니다.

재정신청이란 검사로부터 불기소처분 통지를 받은 고소인 및 일부 고발인이 고검의 항고절차를 거쳐 법원에 그 처분의 당부를 판단하게 해달라고 하는 절차를 말합니다. 재정신청은 항고를 기각한 관할 고등검찰청에 신청하면 대응하는 관할 고등법원에서 당부를 결정합니다.

5. 재정신청기각 결정에 대한 재항고사건

재정신청기각 결정에 대한 재항고사건을 소개하겠습니다. 재항고이유를 판단한다.「형사소송법」(조문을 표시할 때는 "법"이라 한다) 제262조 제2항, 제4항은 검사의 불기소처분에 따른 재정신청에 대한 법원의 재정신청기각 또는 공소제기의 결정에 불복할 수 없다고 규정하고 있으나, 위 규정은 그 취지에 비추어 재정신청이 법률상의방식을 준수하였음에도 법원이 방식위배의 신청이라고 잘못보아 그 신청이유에 대한실체 판단 없이 형식적인 사유로 기각한 경우에는 그 적용이 없다 할 것이다.원심결정 이유를 기록에 비추어 살펴보면, 원심은 이 사건 재정신청이 검찰항고기각결정의 통지일인 2008. 12. 3.부터 재정신청기간인 10일이 지난 2008. 12. 15. 제기되었으므로 법률상의 방식에 위배되어 부적법하다는 이유로 이 사건 재정신청을 기각하였다. 그런데 이 사건 재정신청기간의 말일인 2008. 12. 13.은 토요일, 그 다음날은 일요일임은 공지의 사실에 해당하고, 따라서 법 제66조 제3항에 의하여 위 신청기간에 산입되지 아니하는 관계로 그 신청기간의 말일은 2008. 12. 15.이 되므로 같은 날 제기된 이 사건 재정신청은 적법한 것이다. 그럼에도 불구하고 원심은 재정신청기간의 계산에 관한 법리를 오해하여 이 사건 재정신청이 법률상의 방식에 위배되었다는 형식적인 사유로 이 사건 재정신청을 기각함으로써 더 나아가 그 신청이유에 대한 실체 판단을 하지 아니한 잘못을 저질렀고, 이러한 원심결정에는 적법한 재정신청에 대하여 법이 정하는 바에 따른 재판을 하지 아니한 위법이 있다. 이 점을 지적하는 취지의 재항고 이유의 주장은 이유 있다. 그러므로 원심결정을 파기하고, 사건을 다시 심리·판단하게 하기 위하여 원심법원에 환송하기로 하여, 관여 대법관의 일치된 의견으로 주문과 같이 결정한다고 판시하고 있습니다.

제5장 재정신청의 결론

재정신청은 불기소처분의 적법성과 타당성을 심사하는 고등법원의 재정재판부의 재판장 이하 두 분 판사가 필요 있는 때에는 증거를 조사할 수 있으므로(형사소송법 제262조 제2항), 증거자료가 부족하여 공소제기 명령을 할 수 없지만 수사를 더 하라는 취지로 불기소처분을 취소할 수 있는 경우를 상정할 수도 없습니다.

형사소송법 제262조 제4항 후문은 "재정신청 기각결정이 확정된 사건에 대하여는 다른 중요한 증거를 발견한 경우를 제외하고는 소추할 수 없다."고 규정하고 있습니다. 여기서의 '다른 중요한 증거를 발견한 경우'의 의미에 대하여, 대상판결은 "재정신청 기각결정 당시에 제출된 증거에 새로 발견된 증거를 추가하면 충분히 유죄의 확신을 가지게 될 정도의 증거가 있는 경우를 말하고, 단순히 재정신청 기각결정의 정당성에 의문이 제기되거나 범죄피해자의 권리를 보호하기 위하여 형사재판절차를 진행할 필요가 있는 정도의 증거가 있는 경우는 여기에 해당하지 않는다."라고 해석하고 있습니다.

형사소송법 제262조 제4항 후문에 정한 '다른 중요한 증거를 발견한 경우'의 의미에 대해 명시적으로 판시한 최초의 대법원 판결이라는 의의가 있습니다. 이는 공소취소에 의한 공소기각의 결정이 확정된 사건에서 재기소 제한의 예외사유인 '다른 중요한 증거'의 해석에 대한 기존 판례의 확립된 태도와도 그 맥락을 같이 합니다. 피의자의 법적 안정성 보호의 관점에서는 물론, 입법연혁과 입법취지를 고려한 목적론적 해석 및 체계적 해석 등 여러 다양한 관점에서 보더라도, 이와 같은 엄격한 제한해석은 타당한 결론이라 할 수 있습니다.

검사는 기소여부의 판단에 있어서 주관에 흐르기 쉬운 형법 제51조 양형의 조건의 사항만을 기계적으로 적용하는데 그칠 것이 아니라 공익상 필수적인 법통일의 원칙과 법 앞의 평등 원칙 등을 고려하여야 할 시점에 와 있습니다. 검찰의 소추재량권을 파악할 때 형사사법의 대원칙이었던 기소독점주의 특히 기소편의주의는 그 자체 일정한 내재적 한계를 수반하고 있습니다.

검사가 '혐의 없음' 또는 '증거불충분'의 이유로 불기소처분을 한 경우 고소인 등이 고등검찰청에 항고하더라도 대부분 검사의 불기소처분을 정당하다고 판단함으로써 공정을 잃기가 쉽다는 점을 부인할 수 없을 것입니다. 고소인 등은 항고기각의 결정을 통지받고 그래도 검찰보다는 법원이 훨씬 유리할 수 있다는 생각으로 다시 한 번 더 불기소처분의 당부를 판단 받아보려고 재정신청을 하고 있습니다.

고등법원으로서도 검찰로부터 송부 받은 기록에 포함된 증거를 전제로 하여 사후심적으로 그 증거를 평가하고 검사의 불기소처분의 당부를 심사한다면 진실규명을 함에 있어서 충분하지 않다 할 것이고 일건 기록에 편철된 증거들을 음미하고 탄핵하며 미비된 증거들을 수집하는 것이 필요할 것입니다. 수사에 관한 인적, 물적 자원이 없는 법원이 미비된 증거를 수집할 수도 없으므로 재정신청인이 공소제기를 위한 부족한 증거를 재정신청 사유를 통하여 제출하고 재정신청인이 제출한 증거를 기초로 하여 고등법원에서 불기소처분의 당부를 다시 한 번 판단하는 것이 가장 진실을 규명함에 있어서 효과적이라 생각이 듭니다.

제6장 재정신청서 최신서식

(1)재정신청서 - 정보통신망법 명예훼손죄 검사의 불기소처분 항고기각 수사미진 정보통신
   망법 법리오해 재정신청서

재 정 신 청 서

사 건 번 호 : ○○○○형 제○○○○호 정보통신망법 명예훼손죄

신청인 (고소인) : ○   ○   ○

피고인 (피의자) : ○   ○   ○

○○○ 년 ○○ 월 ○○ 일

위 신청인(고소인) : ○   ○   ○   (인)

대전 고등법원 귀중

재 정 신 청 서

재정 신청인	①성 명	○ ○ ○		②주민등록번호	생략
	③주 소	청주시 ○○구 ○○로 ○○. ○○○아파트 ○○○동 ○○○호 (휴대전화 010 - 1275 - 0000)			
피재정 신청인	④성 명	○ ○ ○		⑤주민등록번호	생략
	⑥주 소	청주시 ○○구 ○○로 ○○길 ○○, 청주상당빌라 ○○○호 (휴대전화 010 - 8765 - 0000)			
⑦ 사 건 번 호		청주지방검찰청 ○○○○년 형제○○○○호 대전고등검찰청 ○○○○년 불항 제○○○○호			
⑧ 죄 명		정보통신망법 명예훼손죄			
⑨ 처 분 일 자		○○○○. ○○. ○○.			

피의자 ○○○에 대한 청주지방검찰청 ○○○○년 형제○○○○호 정보통신망법 명예훼손죄 고소사건에 관하여 청주지방검찰청 검사 ○○○은 ○○○○. ○○. ○○. 불기소처분을 하였는바, 신청인(고소인)은 이에 불복하여 대전고등검찰청 ○○○○년 불항 제○○○○호로 항고하였으나, ○○○○. ○○. ○○. 항고기각 결정을 통지받았으므로 이에 불복하여 아래와 같이 재정신청을 합니다.

신청취지

1. 피의자 ○○○에 대한 청주지방검찰청 ○○○○년 형제○○○○호 정보통신망법 명예훼손죄 사건에 대한 공소제기를 결정한다.

   라는 재판을 구합니다.

신청이유

1. 사건의 개요

가. 신청인(이하, 앞으로는 '고소인' 이라고 줄여 쓰겠습니다)은 주식회사 ○○(이하, 다음부터 '○○' 라고 합니다) 투자자 피고소인(이하, 다음 으로는 '피의자' 라고 하겠습니다)과 투자 상담자 고소 외 ○○○의 권유로 ○○주식 ○○만 주를 ○○○,○○○,○○○원에 매각한 사실이 있는데 피의자는 ○○○○. ○○. ○○. 인터넷 카페 '○○주주' 게시판에 아래의 글을 게시함으로써 공연히 거짓의 사실을 드러내어 고소인의 명예를 훼손하여 고소인은 피의자를 ○○○○. ○○. ○○. 청주시 ○○경찰서 ○○○○년 형제○○○○호 정보통신망 이용촉진 및 정보보호 등에 관한 법률 제70조 제2항 명예훼손죄로 고소하였습니다.

(1) 피의자는 ○○○○. ○○. ○○.인터넷 네이버 카페 '○○주주' 게시판에 "○○공장 방문을 다녀온 후의 느낌? 하루빨리 고소해야" 라는 제목으로 "○○○○. ○○. ○○.오후에 ○○회사를 주주 몇 명과 함께 현재 회사 책임을 지고 있는 전무를 만나고 왔습니다. 당일 주주명부를 보고 왔습니다. 저는 깜짝 놀랐습니다. 현재 총 주식수는 1억 주이고, 전임회장인 이○재의 주식 수는 15,000주였고, 최○범의 이름으로 된 주식은 한 주도 없었고, 최○범의 모친 이름인 설○순은 1,500주만 갖고 있는 상태였습니다. 이것만 보아도 처음 주식을 팔아먹을 때부터 이○재, 최○범은 사기를 치기로 서로 공모를 하였다고 볼 수가 있습니다. 처음부터 주식 수를 뻥튀기해서 무지한 사람들을 속여 주식을 마음먹은 대로 팔아먹고 먹튀를 한 것입니다. 이러한 사실을 지켜만 보고 있을 것입니까. 현재 이○재, 최○범의 사기, 배임, 횡령 등의 문제점을 밝히려고 데이터를 모집하고 있는데 지켜만 보거나 닦달만 하지 마시고, 저에게 아래와 같은 내용을 서술체 형식으로 이메일로 보내주시기

바랍니다." 라는 글을 게시하였습니다.

(2) ○○○○. ○○. ○○. 위 '○○주주' 게시판에 "현 주주명부 및 주식사기판매의 스토리"라는 제목으로 "이 주식판매 사기극의 최대 수혜자인 이○재 전임회장, 그리고 수혜자이고 자칭 주식 사기판매의 귀재인 최○범 전 주식 담당이사의 현재 각각의 지분 내용입니다. ○○의 주식수가 처음에 5,000 주(○○○○. ○○. ○○.) →50,000 주(○○○○. ○○. ○○.) → 200,000만 주(○○○○. ○○. ○○.) → 250,000만 주(○○○○. ○○. ○○.) → 300,000많 주(○○○○. ○○. ○○.) → 600,000만 주(○○○○. ○○. ○○.)로 고무줄 늘리듯이 늘려 나갔으며 아마 자본금 증자할 때에 초기에 저희 돈을 받아서 자본금 증자를 하였고, 어느 정도 자본금을 늘리게 되자 이번에는 주식수를 100배로 뻥 튀겨서100원짜리 주식을 50,000원 가네 100,000원 갈 것이네 하면서 온갖 사탕발림의 거짓말을 하면서 순진한 주주들을 꼬여서 주식을 사게 만들었던 것입니다. 최○범은 수억의 돈과 약 70만 주 이상의 주식을 갖고 있다고 자랑했었는데 지금은 한 주도 없이 다 팔아 쳐 먹었고, 이○재는 저에게 ○○○○. ○○. ○○.에 500,000,000원 어치를 사달라고 연락을 해왔습니다. 주주명부상에는 이○재 본인 이름으로 된 주식은 고작 15,000주뿐입니다. 처음부터 이○재, 최○범은 주식을 팔아먹기 위해서 작당을 하여 정해진 각본대로 불법적인 수순을 밟아왔고, 순진하고 정직한 사람인 것처럼 자기들을 과대포장을 잘 해서 무지한 주주들에게 사기 행각을 벌인 것입니다." 라는 글을 게시하였습니다.

나. 이로써 피의자는 위 (1), (2)와 같이 2회에 걸쳐 사람을 비방할 목적으로 정보통신망을 통하여 공공연하게 고소인의 명예를 훼손하였습니다.

2. 불기소처분의 이유요지

○ 이 사건 수사를 담당한 충청북도 청주시 ○○경찰서 경위 ○○○은 이

사건에 대하여 수사한 후, 피의자에 대한 범죄혐의 인정된다며, 청주지방검찰청에 기소의견으로 송치하였으나 청주지방검찰청 검사 ○○○은 수사한 결과 피의사실을 인정하면서, ①동종 전과가 없는 점, ②피해자들의 권유로 투자를 했다가 피해를 입게 되자 본건에 이르게 된 점, ③주주들에게 사정을 알리고 의견을 모으기 위한 의도도 포함된 것으로 보이는 점, ④본건 카페의 게시 글은 실질적으로 회원가입 주주들을 대상으로 한 것인 점 등 정상 참작 사유가 있다는 이유로 ○○○○. ○○. ○○.혐의 없음 불기소처분을 하였습니다.

3. 재정신청의 이유요지

가. 피의자가 고소인과 투자 상담자 고소 외 최○범을 고소한 사기사건의 혐의가 확정되지 않은 상황에서 개인적 피해를 보상받기 위해 주주들을 선동하는 내용의 글을 게시한 것이므로 순수한 공익적 의도였다고 평가하기 어렵습니다.

나. 정보통신망 이용촉진 및 정보보호 등에 관한 법률 제70조 제1항 명예훼손죄 성립요건

○ 정보통신망 이용촉진 및 정보보호 등에 관한 법률 제70조 제1항은 "사람을 비방할 목적으로 정보통신망을 통하여 공공연하게 거짓의 사실을 드러내어 다른 사람의 명예를 훼손한 자는 3년 이하의 징역이나 금고 또는 2천만 원 이하의 벌금에 처한다."라고 규정하고 있으므로 이 규정 위반으로 인한 '정보통신망 이용촉진 및 정보보호 등에 관한 법률' 위반죄가 성립하려면 사람을 '비방할 목적'이 요구되므로 피고소인에게 '사람을 비방할 목적'을 인정할 수 있습니다.

다. 증거관계

(1) 고소인이 주식매매계약 당시 존재하지도 않은 주식이 있다고 속여 주식을 판매한 후 사전에 알리지도 않고 주당 1만 원에서 100원으로 주식수를 100배로 늘리는 액면분할을 실시하여 주식 가치

가 떨어지도록 하고도 분할된 비율만큼 추가로 주식을 지급하지 않았을 뿐만 아니라 투자를 권유하면서 설명했던 내용들도 실현되지 않아 피해를 입었다며 고소인과 고소 외 투자 상담자 최○범을 사기죄로 고소하였습니다.

(2) 피의자는 투자 상담자 최○범에 대한 수사가 진행되고 있는 상태에서 ○○○○. ○○. ○○. 몇 몇 주주들과 함께 ○○를 방문하여 주식보유 및 주식변동 상황을 확인하였는데, 정작 고소인과 최○범은 주식을 거의 보유하지 않고 있었을 뿐만 아니라 종전 주식도 급격하게 액면 분할하여 가치를 크게 떨어뜨린 사실을 발견하고 다른 투자자들에게도 사실을 알리면서 피해사례를 수집하고 공동으로 대응하고자 글을 올리게 된 것입니다.

(3) 피의자는 ○○○○. ○○. ○○. 정보 교환을 통해 ○○ 주주들의 주권보호와 이익을 도모할 목적으로 '○○주주' 카페를 개설하였습니다.
이 사건 글을 게시한 후 ○○와 무관한 일반인의 글이 게시될 정도로 개방형으로 카페를 운영하였습니다.

(4) 피의자가 '○○주주' 카페 게시판에 게시한 ○○ 주식보유 및 주식변동에 관한 사항은 전혀 사실과 다른 것입니다. 피의자가 불법이라고 주장하는 액면분할은 합법적 방법에 의한 정상적인 액면분할로서 피의자를 비롯한 수많은 투자자들도 주식을 매수할 당시 이미 액면분할이 예정된 사실을 알고 있었습니다.

(5) ○○는 세계적인 기술력을 보유한 우량기업으로 일본의 기업과도 임가공 계약을 체결하는 등 꾸준히 매출이 향상되어 주가가 오르고 있었는데 ○○○○년 전 세계적으로 코로나-19 바이러스라는 예측하지 못한 악재로 타격을 입고 주식가치가 떨어지게 된 것입니다.

(6) 고소인이 ○○○○. ○○. ○○.경 피의자가 게시 한 이 사건 글을 처음 발견했을 당시에는 회원 가입 없이 누구나 글을 볼 수 없었습니다. 피의자에게 전화를 걸어 주주들을 선동하지 말고 직접 연

락을 달라고 하였는데도 피의자로부터 아무 연락이 없어 이 사건 고소를 하게 되었습니다.

(7) 피의자가 고소인과 고소 외 최○범을 사기죄로 고소한 사건의 판결문에 따르면 다음과 같은 사실이 확인됩니다.

　　(가) ○○는 ○○○○. ○○. ○○. 알루미늄 소재의 피막처리 등의 사업을 영위하기 위하여 초기 자본금 5,000만 원으로 이○재 등에 의해 설립되었다가, ○○○○. ○○. ○○.자본의 총액 5억 원, 발행주식 총수 5만 주(1주의 금액 1만 원)로 증자되었다.

　　(나) 고소인은 ○○○○. ○○. ○○.부터 최○범을 통해 모집한 투자자들에게 액면분할 예정인 액면가 100원의 신주 약 120만 주를 매각하여 자금 31억 2,560만 원을 조달하였다. 이 과정에서 피의자도 ○○ 주식 30만 주를 합계 ○○○,○○○,○○○원에 매수하였다.

　　(다) ○○는 ○○○○. ○○. ○○.로 자본의 총액 ○○억 원, 발행주식의 총수 21만 1,213주(1주의 금액 1만 원)로 변경등기한 데 이어, ○○○○. ○○. ○○.액면가 1만 원인 발행주식의 총수 21만 1,213주를 액면가 100원인 발행주식의 총수 2,112만 1,300주로 액면 분할하였고, 이후 2차례의 증자 결과 ○○○○. ○○. ○○.자본의 총액은 32억원, 발행주식의 총수는 3,200만 주(1주의 금액 100원)가 되었다.

　　(라) ○○○○. ○○. ○○.경 코로나-19 바이러스가 발생하였고, 그 무렵 장외시장에서 거래되는 ○○의 주식가치도 하락하였다.

　　(마) 피의자는 ○○○○. ○○. ○○. 최○범을 사기 혐의로 고소하였고, 최○범은 ○○○○. ○○. ○○. 불구속 기소되었는데, ○○○○. ○○. ○○. 제1심은 '주식매매 당시 발행 주식이 5만 주에 불과한데도 그 이상인 30만 주를 매도한 것과

○○의 발전가능성을 부풀린 것은 기망에 해당한다.' 는 취지로 징역 3년의 실형을 선고하였다. 그러나 ○○○○. ○○. ○○. 항소심에서는 '이미 발행된 주식이 아닌 분할 예정인 주식을 미리 매도한 것으로서 피의자도 분할이 예정된 사실을 알았던 것으로 보이고, ○○의 발전 가능성을 다소 과장했다 하더라도 당시 ○○의 기술과 영업실적 등에 비추어 보면 신의 성실의 의무를 저버릴 정도의 기망행위에 해당하지는 않는다.' 는 취지로 무죄를 선고하였고, 이 무죄 판결은 ○○○○. ○○. ○○. 대법원에서 확정되었습니다.

(8) 소결

(가) '사람을 비방할 목적' 이란 가해의 의사 내지 목적을 요하는 것으로서, 사람을 비방할 목적이 있는지 여부는 당해 적시 사실의 내용과 성질, 당해 사실의 공표가 이루어진 상대방의 범위, 그 표현의 방법 등 그 표현 자체에 관한 제반 사정을 감안함과 동시에 그 표현에 의하여 훼손되거나 훼손될 수 있는 명예의 침해 정도 등을 고려하여 결정하여야 한다. '사람을 비방할 목적' 이란 공공의 이익을 위한 것과는 행위자의 주관적 의도의 방향에 있어 서로 상반되는 관계에 있으므로 적시한 사실이 공공의 이익에 관한 것인 경우에는 특별한 사정이 없는 한 비방할 목적은 부인된다고 봄이 상당하다. 공공의 이익에 관한 것에는 널리 국가·사회 기타 일반 다수인의 이익에 관한 것뿐만 아니라 특정한 사회집단이나 그 구성원 전체의 관심과 이익에 관한 것도 포함하는 것이고, 행위자의 주요한 동기 내지 목적이 공공의 이익을 위한 것이라면 부수적으로 다른 사익 적 목적이나 동기가 내포되어 있더라도 비방할 목적이 있다고 보기는 어렵다(대법원 2010. 11. 25. 선고 2009도12132 판결; 대법원 2009. 5. 28. 선고 2008도8812 판결; 대법원 2008. 6. 12. 선고 2008도1421 판결 등 참조).

(나) 피의자가 '○○주주' 게시판에 2차례에 걸쳐 게시한 이 사건 게시 비방 글은 최○범의 권유에 따라 ○○에 자금을 투자한 피의자가 다른 주주들도 이미 알고 있는 것을 마치 고소인과 최○범의 사기로 피해를 입은 것처럼 선동한 것은 피의자가   다른 피해자들을 우선하여 먼저 피해를 변제받기 위한 수단에 불과한 것입니다.

(다) 게시된 글 중에 '주식판매 사기극', '사기극의 최대 수혜자', '자칭 주식 사기판매의 귀재'와 같은 단정적이고 감정적인 표현이 일부 포함되어 있는 것과 이미 고소인은 피의자의 고소로 무죄가 선고된 사실을 전혀 언급하지 않은 것은 사기를 당한 것으로 볼 수밖에 없다는 선동하기 위한 것으로밖에 보이지 않습니다.
그러므로 피의자의 표현이 곧 비방의 목적을 추단하는 결정적 자료입니다.

(라) '○○주주' 카페에 이 사건 글을 게시한 이후 지금까지 ○○주주 회원들을 비롯하여 일반인도 언제든지 볼 수 있도록 카페 운영 방식을 전혀 변경하지 않았기 때문에 일반 인터넷 사용자들에게까지 무분별하게 노출될 위험이 높아 공표가 이루어진 상대방의 범위가 넓다고 할 수 있으므로 피의자가 일반인들의 접근을 차단하지 않은 것은 고소인을 비방의 목적을 가지고 있었습니다.

(마) 이 사건 수사를 담당한 검사 ○○○은 이와 같이 비방의 목적에 관한 법리를 오해하거나 그에 관한 증거관계를 충분히 검토하지 아니한 채 바로 '정보통신망 이용촉진 및 정보보호 등에 관한 법률' 제70조 제2항 명예훼손죄가 성립하지 않는다고 이를 전제로 혐의 없음 불기소처분을 한 것은, 그 결정에 영향을 미친 중대한 법리 오해 내지 증거판단의 잘못이 있습니다.

4. 결론

이상의 사실에 의하여 피의자에 대한 범죄행위는 충분히 인정된다 할 것인데 청주지방검찰청 검사 ○○○의 피의자에 대한 불기소처분은 그 이유가 없는 것이므로 피의자 ○○○에 대한 공소제기결정을 구하기 위하여 이건 재정신청에 이른 것입니다.

소명자료 및 첨부서류

1. 불기소처분통지서   1통
2. 불기소처분이유서   1통
3. 항고기각통지서   1통
4. 게시물   1통

○○○○ 년 ○○ 월 ○○ 일

위 신청인(고소인) : ○　○　○　(인)

대전 고등법원 귀중

(2)재정신청서 - 정보통신망법 명예훼손죄 검사의 불기소처분 수사미진 법리오해의 위법 공소제기결정청구 재정신청서

재 정 신 청 서

사 건 번 호 : ○○○○형 제○○○○호 정보통신망법 명예훼손죄

신청인 (고소인) : ○   ○   ○

피고인 (피의자) : ○   ○   ○

○○○○ 년 ○○ 월 ○○ 일

위 신청인(고소인) : ○   ○   ○   (인)

수 원 고 등 법 원 귀 중

재 정 신 청 서

재 정 신청인	①성 명	○ ○ ○	②주민등록번호	생략
	③주 소	평택시 ○○로 ○○. ○○○○아파트 ○○○동 ○○○○호 (휴대전화 010 - 3345 - 0000)		
피재정 신청인	④성 명	○ ○ ○	⑤주민등록번호	생략
	⑥주 소	수원시 ○○구 ○○로 ○○. ○○○아파트 ○○○동 ○○○호 (휴대전화 010 - 8765 - 0000)		
⑦ 사 건 번 호		평택지청 ○○○○년 형제○○○○호 수원고등검찰청 ○○○○년 불항 제○○○○호		
⑧ 죄 명		정보통신망법 명예훼손죄		
⑨ 처 분 일 자		○○○○. ○○. ○○.		

　　피의자 ○○○에 대한 수원지방검찰청 평택지청 ○○○○년 형제○○○○호 정보통신망법 명예훼손죄 고소사건에 관하여 수원지방검찰청 평택지청 검사 ○○○은 ○○○○. ○○. ○○. 불기소처분을 하였는바, 신청인(고소인)은 이에 불복하여 수원 고등검찰청 ○○○○년 불항 제○○○○호로 항고하였으나, ○○○○. ○○. ○○. 항고기각 결정을 통지받았으므로 이에 불복하여 아래와 같이 재정신청을 합니다.

신청취지

1. 피의자 ○○○에 대한 수원지방검찰청 평택지청 ○○○○년 형제○○○○호 정보통신망법 명예훼손죄 사건에 대한 공소제기를 결정한다.

　　라는 재판을 구합니다.

신 청 이 유

1. 사건의 개요

신청인(이하, 앞으로는 '고소인' 이라고 줄여 쓰겠습니다)은 ○○○○. ○○. ○○. 피고소인(이하, 다음부터는 '피의자' 라고만 합니다)에 대하여 평택시 ○○경찰서 ○○○○년 형제○○○○호 정보통신망 이용촉진 및 정보보호 등에 관한 법률 제70조 제2항 명예훼손혐의로 고소하였는바, 그 고소의 요지는 다음과 같습니다.

○ 피의자는 ○○대학교 3학년 대학생인바, 피의자가 거주하는 ○○아파트의 주민인 고소인이 ○○아파트 정문 앞에서 피의자와 그 가족들로부터 폭행당하였다는 내용의 대자보를 들고 1인 시위를 하자 고소인을 비방할 목적으로, ○○○○. ○○. ○○. ○○:○○경 평택시 ○○로 ○○, ○○에서 노트북을 이용하여 정보통신망인 인터넷 페이스북 '○○아파트 입주민 소통 공간' 페이지에 접속한 다음,

　① '이 분은 이사 전 ○○아파트에서도 사람들 사이를 이간질하면서 분쟁을 일으켰으며, 그 결과 그 아파트에서 현재 제가 살고 있는 ○○아파트로 쫓겨나게 되었습니다.'

　② '이 분은 또 다른 ○○아파트의 한 주민에게도 지금과 유사한 방식으로 논란을 일으키기도 하셨습니다.'

라는 글을 게시함으로써 공연히 거짓의 사실을 드러내어 고소인의 명예를 훼손하였습니다.

2. 불기소처분의 이유요지

평택시 ○○경찰서 이 사건 수사를 담당하였던 사법경찰관 경위 ○○○은 위 사건을 수사한 후 ○○○○. ○○. ○○. 피의자에 대하여 범죄혐의 인정된다며 기소의견으로 수원지방검찰청 평택지청에 송치하였는데 평택지

청의 검사 ○○○은 수사한 결과 ○○아파트 입주민들에게 비방하려는 것이 아닌 것으로 보아 제반 사정을 종합하여 볼 때 피의자가 이 사건 글을 게시한 행위의 주된 목적은 공공의 관심이나 이익을 위한 것으로 볼 수 있다는 이유로 이 사건 불기소처분을 하였습니다.

3. 불기소처분에 대한 재정신청의 이유요지

가. 피의자 글에 대한 허위성

○ 피의자가 고소인에 대하여 작성한 글의 내용은 아래와 같습니다.

① 고소인이 기존에 살던 ○○아파트에서도 사람들을 이간질하여 분쟁을 일으켜 거주하던 ○○아파트에서 쫓겨났다는 부분

② ○○아파트의 주민에게도 피의자에게 한 방식과 유사한 방식으로 항의하였다는 부분

이하 '이 사건 글'이라 합니다. 가 허위 사실인지 여부 및 피의자에게 고소인을 비방할 목적이 있었는지 여부입니다.

나. 정보통신망법 명예훼손죄의 성립요건

○ 정보통신망 이용촉진 및 정보보호 등에 관한 법률(2008. 6. 13. 법률 제9119호로 개정된 것) 제70조 제2항의 정보통신망을 통한 허위사실 적시(거짓의 사실을 드러내어)에 의한 명예훼손죄가 성립하려면 그 적시하는 사실이 허위이어야 할 뿐 아니라, 범인이 그와 같은 사실을 적시함에 있어 적시 사실이 허위임을 인식하여야 하고, 이러한 허위의 점에 대한 인식 즉 범의에 대한 입증책임은 검사에게 있다고 판시하고 있습니다.(대법원 2009. 1. 30. 선고 2007도5836 참조)

○ 여기에서의 '사실의 적시' 란 가치판단이나 평가를 내용으로 하는 의견표현에 대치되는 개념으로서 시간과 공간적으로 구체적인 과거 또는 현재의 사실관계에 관한 보고 내지 진술을 의미하는 것이고,

적시된 사실의 중요한 부분이 객관적 사실과 합치되는 경우에는 세부에 있어서 진실과 약간 차이가 나거나 다소 과장된 표현이 있다 하더라도 이를 거짓의 사실이라고 볼 수는 없으나, 거짓의 사실인지 여부를 판단함에 있어서는 그 적시된 사실의 내용 전체의 취지를 살펴 객관적 사실과 합치하지 않는 부분이 중요한 부분인지 여부를 결정하여야 한다고 밝히고 있습니다(대법원 2009. 2. 12. 선고 2008 도8310 참조).

○ 또한, 정보통신망 이용촉진 및 정보보호 등에 관한 법률에서 정한 '사람을 비방할 목적'이란 가해의 의사 내지 목적을 요하는 것으로서, 사람을 비방할 목적이 있는지 여부는 당해 적시 사실의 내용과 성질, 당해 사실의 공표가 이루어진 상대방의 범위, 그 표현의 방법 등 그 표현 자체에 관한 제반 사정을 감안함과 동시에 그 표현에 의하여 훼손되거나 훼손될 수 있는 명예의 침해 정도 등을 비교, 고려하여 결정하여야 하는데, 공공의 이익을 위한 것과는 행위자의 주관적 의도의 방향에 있어 서로 상반되는 관계에 있으므로, 적시한 사실이 공공의 이익에 관한 것인 경우에는 특별한 사정이 없는 한 비방할 목적은 부인된다고 봄이 상당하다. 공공의 이익에 관한 것에는 널리 국가·사회 기타 일반 다수인의 이익에 관한 것뿐만 아니라 특정한 사회집단이나 그 구성원 전체의 관심과 이익에 관한 것도 포함하는 것이고, 행위자의 주요한 동기 내지 목적이 공공의 이익을 위한 것이라면 부수적으로 다른 사익적 목적이나 동기가 내포되어 있더라도 비방할 목적이 있다고 보기는 어렵다고 밝히고 있습니다(대법원 2009. 5. 28. 선고 2008도8812 참조).

다. 피의자와 고소인의 관계

○ 피의자의 부 이○배, 모 이○선, 형 이○환과 함께 평택시 ○○로 길 ○○, ○○아파트(이하 '이 사건 아파트'라 합니다)에 거주하고 있고, 고소인도 같은 아파트에 거주하고 있습니다.

라. 고소인이 피의자 등을 공동상해로 고소한 사건의 처분 경과

    (1) 고소인은 ○○○○. ○○. ○○. '피의자의 모 이○선과 고소인이 같은 ○○아파트에 거주하고 있는 송○회의 남편 이○세가 사업이 망해 몇 년째 놀고 있다는 소문을 서로 상대방이 냈다며 다투던 중, 피의자, 이○선, 이○환이 ○○○○. ○○. ○○. ○○:○○경 이 사건 아파트 ○○동 ○○층 계단에서 고소인과 송○회가 큰 소리로 다투고 있는 것을 보고, 이○선은 고소인의 머리채를 잡아 벽으로 밀치고, 피의자는 고소인의 왼쪽 발목을 밟아 움직이지 못하게 하고, 이○환은 주먹으로 고소인의 머리와 가슴 등을 수차례 때려 공동으로 고소인에게 약 3주간의 치료가 필요한 좌측 하지 만성비골 신경병증의 상해를 가하였다.' 며 피의자, 이○선, 이○환을 폭력행위 등 처벌에 관한 법률위반(공동상해) 혐의로 평택시 ○○경찰서에 고소하였습니다(○○경찰서 ○○○○년 형제○○○○호).

    (2) 수원지방방검찰청 평택지청 검사 ○○○는 ○○○○. ○○. ○○. 위 사건에 대하여 증거불충분 사유로 혐의 없음 불기소처분을 하였습니다.

    (3) 이에 고소인은 위 혐의 없음 결정에 불복하여 항고를 거쳐 고등법원에 재정신청을 하였으나 ○○○○. ○○. ○○. 수원 고등법원은 기각결정을 하였습니다.

마. 피의자가 이 사건 글을 게시

    (1) 고소인은 ○○○○. ○○. ○○.부터 ○○.까지 ○○아파트 정문 앞에서 '피의자와 그의 가족으로부터 폭행을 당해 상해를 입었는데 수사기관에서 제대로 수사를 하지 않았다.' 는 내용의 대자보를 들고 1인 시위를 하였습니다.

    (2) 이에 피의자는 ○○○○. ○○. ○○. ○○:○○경 노트북을 이용하여 인터넷 페이스북 '○○아파트 입주민 소통 공간' 페이지에

접속한 다음, 이 사건 글을 포함하여 고소인에 대한 비방의 글을 게시하였습니다.

바. 피의자가 게시한 글의 내용

○ 피의자가 게시한 글의 주요 내용은 아래와 같습니다.

① '이 일에 관해 ○○아파트 대표회의 측에서 이 일을 덮었다고 하는 것은 사실무근'

② '고소인의 남편과의 합의를 통해 고소를 취하하는 조건으로 ○○아파트 정문 앞 시위에 더 이상 오지 않으시기로 했지만 오늘 그 분은 약속을 어기고 또 ○○아파트 정문 앞에서 시위를 진행하였다.'

③ '폭행 관련 사건은 4년 전에 거짓으로 판명되어서 무혐의로 종결되었다.'

④ '이 분은 이사 전 ○○아파트에서도 사람들 사이를 이간질하면서 분쟁을 일으켰으며 그 결과로 그 아파트에서 현재 제가 살고 있는 ○○아파트로 쫓겨나게 되었다.'

⑤ '이 분은 ○○아파트 주민에게도 지금과 유사한 방식으로 논란을 일으키기도 하였다.' 는 것입니다.

사. 이 사건 글의 허위

'고소인이 이 사건 이전에도 사람들 사이를 이간질하고 분쟁을 일으켜 거주하던 ○○아파트에서 쫓겨났다' 는 부분

○ 피의자는 이 사건 아파트 주민인 전○해로부터 '고소인이 이전에 거주하던 ○○아파트에서도 주민들과 문제를 일으켜 현재 거주하고 있는 ○○아파트로 이사를 왔다' 는 이야기를 듣고 이를 게시한 것이라고 주장합니다.

○ 고소인이 동일한 주장을 반복하며 ○○아파트 정문 앞에서 1인 시

위를 하는 것에 대응하여, 고소인을 비방할 목적으로 있지도 않은 허위의 사실을 조작하여 적시한 것이므로 공공의 관심이나 이익에 관한 것이 아닙니다.

○ 또한, 피의자가 이 사건 글을 게시한 인터넷 게시판은 ○○아파트 입주민들의 편의를 위한 소통공간으로서 상대방의 범위가 제한되지 않고 그 표현방법도 고소인의 주장이 신빙성이 없음을 설득하는 것이 아니므로 고소인을 ○○아파트 입주민들에게 의도적으로 비방하려고 허위의 사실을 적시한 것입니다.

아. 소결

결국 이 사건을 수사를 담당한 검사 ○○○은 피의자가 게시한 이 사건 글의 내용이 허위(거짓의 사실을 드러내어)인지 여부 등에 대한 수사를 제대로 하지 아니한 채 피의자의 정보통신망 이용촉진 및 정보보호 등에 관한 법률위반(명예훼손죄) 혐의는 고소인의 주장이 신빙성이 없음을 설득하는 것이고 고소인을 ○○아파트 입주민들에게 비방하려는 것이 아닌 것으로 보아 제반 사정을 종합하여 볼 때 피의자가 이 사건 글을 게시한 행위의 주된 목적은 공공의 관심이나 이익을 위한 것으로 볼 수 있다고 인정하고 이 사건 불기소처분을 하였는바, 이는 수사미진 으로 인한 정보통신망법 법리오해의 잘못이 있습니다.

4. 결론

이상의 사실에 의하여 피의자에 대한 범죄행위는 충분히 인정된다 할 것인데 수원지방검찰청 평택지청 검사 ○○○의 피의자에 대한 불기소처분은 그 이유가 없는 것이므로 피의자 ○○○에 대한 공소제기결정을 구하기 위하여 이건 재정신청에 이른 것입니다.

소명자료 및 첨부서류

1. 불기소처분통지서   1통
2. 불기소처분이유서   1통
3. 항고기각통지서   1통
4. 게시물   1통

○○○○ 년 ○○ 월 ○○ 일

위 신청인(고소인) : ○　　○　　○　　(인)

수 원 고 등 법 원 귀 중

(3)재정신청서 - 정보통신망법 개인정보 누설 불기소처분 검사의 수사미진 법리오해의 위법
　　　공소제기청구 재정신청서

재 정 신 청 서

사 건 번 호 : ○○○○형 제○○○○호 개인정보 누설

신청인 (고소인) : ○　　　　○　　　　○

피고인 (피의자) : ○　　　　○　　　　○

○○○○ 년 ○○ 월 ○○ 일

위 신청인(고소인) : ○　○　○　(인)

부산 고등법원 귀중

재 정 신 청 서

재 정 신청인	①성 명	○ ○ ○		②주민등록번호	생략
	③주 소	창원시 ○○구 ○○로 ○○. ○○○아파트 ○○○동 ○○○호 (휴대전화 010 - 3432 - 0000)			
피재정 신청인	④성 명	○ ○ ○		⑤주민등록번호	생략
	⑥주 소	부산시 ○○구 ○○로 ○○길 ○○, ○○○호 (휴대전화 010 - 8765 - 0000)			
⑦ 사 건 번 호		창원지방검찰청 ○○○○년 형제○○○○호 부산고등검찰청 ○○○○년 불항 제○○○○호			
⑧ 죄　　　명		정보통신망법 개인정보 누설			
⑨ 처 분 일 자		○○○○. ○○. ○○.			

　　피의자 ○○○에 대한 창원지방검찰청 ○○○○년 형제○○○○호 정보통신망법 개인정보 누설 고소사건에 관하여 창원지방검찰청 검사 ○○○은 ○○○○. ○○. ○○. 불기소처분을 하였는바, 신청인(고소인)은 이에 불복하여 부산 고등검찰청 ○○○○년 불항 제○○○○호로 항고하였으나, ○○○○. ○○. ○○. 항고기각 결정을 통지받았으므로 이에 불복하여 아래와 같이 재정신청을 합니다.

신 청 취 지

1. 피의자 ○○○에 대한 창원지방검찰청 ○○○○년 형제○○○○호 정보통신망법 개인정보 누설 사건에 대한 공소제기를 결정한다.

　　라는 재판을 구합니다.

신청이유

1. 사건의 개요

가. 신청인(이하, 앞으로는 '고소인' 이라고 줄여 쓰겠습니다)은 ○○○○. ○○. ○○. 피고소인(이하, 다음으로는 '피의자' 라고만 하겠습니다)을 정보통신망 이용촉진 및 정보보호 등에 관한 법률(이하 '정보통신망법' 이라고만 합니다)위반 혐의로 경상남도 창원시 ○○경찰서 ○○○○년 형제○○○○호로 고소하였습니다. 그 피의사실의 요지는 다음과 같습니다.

○ 피의자는 ○○○○. ○○. ○○. 및 ○○○○. ○○. ○○.경 고소인의 동의를 받지 않은 수술 전후 사진을 인터넷 블로그에 게재되게 하여 개인정보를 누설하였습니다.

나. 이 사건의 수사를 담당한 창원지방검찰청 검사 ○○○은 수사한 결과 ○○○○. ○○. ○○. 피의자에 대한 범죄혐의 인정되지 않는다는 이유로 불기소처분을 하였습니다.

2. 불기소처분의 요지

가. 고소인은 이전에 동일한 피해사실을 이유로 하여 피의자를 상대로 손해배상청구소송을 제기함과 동시에 형사고소 하였다가 피의자로부터 ○○○만 원을 지급받고, 고소취하, 처벌불원서 제출 및 추후 민, 형사상 이의를 제기하지 않기로 조정을 하였으므로 이 사건 피의사실은 위 조정 성립 이전에 발생한 일로서 피의자와 고소인 사이에 조정이 성립된 이상 고소인의 양해가 있었다고 보아야 하므로 고소인의 동의를 받지 않은 수술 전후 사진을 인터넷 블로그에 게재되게 하여 개인정보를 누설하였다 하더라도 형사처벌의 실익이 없다고 보아야 한다.

나. 또한 피의자는 위와 같은 조정이 성립된 이후 광고대행업체에 고소인의 사진을 내리라고 지시하였으므로 정보통신망법위반의 고의가 인정되지 않고, 정보통신망법은 과실범을 처벌하는 규정을 두고 있지 아니하므로 피의자는 정보통신망법위반의 책임을 지지 아니하므로 불기소처분을 한다는데 있습니다.

3. 재정신청의 요지

가. 피의자는 부산시 해운대구 ○○로 ○○에 있는 '○○ 이비인후과'(이하 '이 사건 의원'이라 하겠습니다)을 운영하는 의사이고, 고소인은 ○○○○. ○○. ○○. 이 사건 의원에서 코 성형수술을 받은 사람입니다.

나. 피의자는 수술 전후 비교를 위하여 고소인의 얼굴을 대대적으로 촬영하였고, 위 사진은 이 사건 의원에서 개설·운영하는 인터넷 블로그에 게재되었습니다.

다. 고소인은 피의자가 자신의 동의를 받지 아니하고 수술 전후 사진을 홍보 목적으로 인터넷 블로그에 게재하였음을 이유로 하여 ○○○○. ○○. ○○. 형사고소(경상남도 창원시 ○○경찰서 ○○○○년 형제○○○○호)함과 동시에 ○○○○. ○○. ○○. 피의자를 상대로 손해배상청구소송을 제기하였고(창원지방법원 ○○○○가소○○○○호), 위 소송 계속 중인 ○○○○. ○○. ○○. 고소인과 피의자 사이에 조정(창원지방법원 ○○○○머○○○○호 이하 '이 사건 조정'이라 합니다)이 성립되었습니다.

라. 고소인은 이 사건 조정에 따라 고소를 취소하였고, 창원지방검찰청 검사 ○○○는 ○○○○. ○○. ○○. 피의자의 업무상비밀누설, 개인정보보호법위반, 정보통신망법위반(정보통신망침해 등), 의료법위반, 명예훼손 혐의에 대하여 각하 처분을 하였습니다.

마. 고소인은 이 사건 조정 당시 피의자가 게재한 사진을 삭제하고 재발 방지를 약속하였으므로 이를 믿고 조정에 이르렀는데 여전히 수술 전후 사진이 버젓이 인터넷 블로그에 게재되어 있었고 피의자에게 당장 내려달라고 하고 삭제를 요구하였음에도 이에 아랑곳하지 않아 고소인은 하는 수 없이 ○○○○. ○○. ○○. 다시 피의자를 상대로 형사고소 하였습니다.

바. 이 사건 수사를 담당한 사법경찰관은 ○○○○. ○○. ○○.피의사실 중 의료법 제88조, 제19조(정보누설금지) 위반은 친고죄, 명예훼손은 반의사불벌죄로서, 위 창원지방검찰청 ○○○○년 형제○○○○호 사건 당시 고소인의 고소취소 및 처벌불원의사가 있었음을 이유로 각 기소의견으로 창원지방검찰청으로 송치하였고, 창원지방검찰청 검사 ○○○은 정보통신망법위반에 대하여는 불기소처분을 하였습니다.

4. 불기소처분의 불복 요지

가. 정보통신망법 제71조 제5호는 제28조의2 제1항을 위반하여 이용자의 개인정보를 누설한 자를 처벌하도록 규정하고 있습니다.

같은 법 제28조의2 제1항(2016. 3. 22. 법률 제14080호로 개정되기 전의 것, 이하 '이 사건 근거조항'이라 합니다)은 "이용자의 개인정보를 취급하고 있거나 취급하였던 자는 직무상 알게 된 개인정보를 훼손·침해 또는 누설하여서는 아니 된다."고 규정하고 있습니다.

피의자는 정보통신망법 제2조 제1항 제3호에서 정한 '정보통신서비스 제공자'입니다.

고소인은 정보통신망법 제2조 제1항 제4호에서 정한 '이용자'입니다.

피의자가 고소인에 대한 관계에서 '고소인의 개인정보를 취급하고 있거나 취급하였던 자로서 직무상 알게 된 고소인의 개인정보'를 누설하였으므로 피의자를 정보통신망법 제71조 제5호는 제28조의2 제1항에 의하여 처벌하도록 규정하고 있습니다,

나. 피의자는 '정보통신서비스 제공자' 입니다.

정보통신망법 제2조 제1항 제3호는 "'정보통신서비스 제공자'란「전기통신사업법」제2조 제8호에 따른 전기통신사업자와 영리를 목적으로 전기통신사업자의 전기통신역무를 이용하여 정보를 제공하거나 정보의 제공을 매개하는 자를 말한다." 고 규정하고 있습니다.

위에서 인정한 사실에 의하면, 피의자는 피부과 의사로서 의원 홍보를 위하여 광고 등을 할 목적으로 인터넷 블로그를 개설·운영하였고, 위 인터넷 블로그에 코 성형수술 전후의 고소인의 사진을 게재하였는바, 이는 피의자의 영리의 목적, 즉 널리 경제적인 이익을 취득할 목적으로 자신의 정보를 정보통신망에 게시하거나 정보의 유통이 가능하도록 연결시켜 주는 행위를 한 것이므로, 피의자는 정보통신망법 제2조 제1항 제3호 소정의 '정보통신서비스 제공자'에 해당합니다.

다. 다음으로 고소인은 '이용자' 에 해당합니다.

정보통신망법 제2조 제1항 제4호는 "'이용자'란 정보통신서비스 제공자가 제공하는 정보통신서비스를 이용하는 자를 말한다." 고 규정하고 있는바, 여기에서 규정하고 있는 '이용자'란 자신의 개인정보를 수집하려고 하는 정보통신서비스 제공자로부터 정보통신서비스를 제공받아 이를 이용하는 관계를 전제로 한다(대법원 2013. 10. 17. 선고 2012도4387 판결 참조).

고소인은 피의자로부터 코 성형수술을 받으면서 개인정보를 기재하여 위 성형수술 전후에 걸쳐 피의자 운영의 인터넷 블로그에 회원으로 가입하였고 또한 위 인터넷 블로그에 접속하여 상담을 하거나 진료예약을 하는 등 서비스를 이용한 사실이 있습니다.

따라서 피의자는 고소인으로부터 정보통신서비스를 제공받아 이를 이용하는 관계에 있으므로 정보통신망법 제2조 제1항 제4호 및 이 사건 근거조항의 고소인은 '이용자' 에 해당합니다.

라. 한편, 이 사건에서 문제된 고소인의 사진은 피의자의 위 인터넷 블로그를 통해 수집한 정보로서 순수하게 오프라인(off-line) 의료행위(코 성형수술) 과정에서 수집·취득한 것이므로 피의자가 정보통신서비스 제공자로서 고소인의 개인정보를 취급하는 과정에서 '직무상 알게 된 개인정보' 입니다.

검사 ○○○은 불기소처분이유에서 피의자가 정보통신서비스 제공자로서 고소인의 개인정보를 취급하는 과정에서 '직무상 알게 된 개인정보'로 인정할 만한 아무런 자료가 없다는 이유로 불기소처분을 한 잘못이 있습니다.

마. 소결론

결국 검사 ○○○은 정보통신망법상 '이용자' 내지 이 사건 근거조항에 대한 법리오해에 기초하여 피의자와 고소인의 이 사건 인터넷 블로그의 이용관계에 관하여 제대로 수사하지 아니한 채 피의자에게 이 사건 근거조항 위반혐의를 인정하지 않고 이 사건 불기소처분을 하였는바, 이는 자의적인 처분에 해당하고, 그로 말미암아 정보통신망법의 법리를 오해한 위법이 있습니다.

4. 결론

이상의 사실에 의하여 피의자에 대한 범죄행위는 충분히 인정된다 할 것인데 창원지방검찰청 검사 ○○○의 피의자에 대한 불기소처분은 그 이유가 없는 것이므로 피의자 ○○○에 대한 공소제기결정을 구하기 위하여 이건 재정신청에 이른 것입니다.

소명자료 및 첨부서류

1. 불기소처분통지서   1통
2. 불기소처분이유서   1통
3. 항고기각통지서   1통
4. 게시물

○○○○ 년 ○○ 월 ○○ 일

위 신청인(고소인) : ○   ○   ○   (인)

부산 고등법원 귀중

(4)재정신청서 - 사문서위조죄 등 혐의 없음 불기소처분 검사의 수사미진 사문서위조죄 법리오해의 위법 재정신청서

재 정 신 청 서

사 건 번 호 :   ○○○○형 제○○○○호 사문서위조죄 등

신 청 인(고 소 인) :   ○   ○   ○

피 고 인(피 의 자) :   ○   ○   ○

○○○○ 년 ○○ 월 ○○ 일

위 신청인(고소인) : ○   ○   ○   (인)

광주 고등법원 귀중

재 정 신 청 서

재 정 신청인	①성 명	○ ○ ○	②주민등록번호	생략
	③주 소	광주시 ○○구 ○○로 ○○. ○○○○아파트 ○○동 ○○○○호 (휴대전화 010 - 2988 - 0000)		
피재정 신청인	④성 명	○ ○ ○	⑤주민등록번호	생략
	⑥주 소	광주시 ○○구 ○○로 ○○. ○○○아파트 ○○○동 ○○○호 (휴대전화 010 - 9899 - 0000)		
⑦ 사 건 번 호		광주지방검찰청 ○○○○년 형제○○○○호 광주고등검찰청 ○○○○년 불항 제○○○○호		
⑧ 죄 명		사문서위조죄 등		
⑨ 처 분 일 자		○○○○. ○○. ○○.		

피의자 ○○○에 대한 광주지방검찰청 ○○○○년 형제○○○○호 사문서위조죄 등 고소사건에 관하여 광주지방검찰청 검사 ○○○은 ○○○○. ○○. ○○. 불기소처분을 하였는바, 신청인(고소인)은 이에 불복하여 광주 고등검찰청 ○○○○년 불항 제○○○○호로 항고하였으나, ○○○○. ○○. ○○. 항고기각 결정을 통지받았으므로 이에 불복하여 아래와 같이 재정신청을 합니다.

신 청 취 지

1. 피의자 ○○○에 대한 광주지방검찰청 ○○○○년 형제○○○○호 사문서위조죄 등 사건에 대한 공소제기를 결정한다.

   라는 재판을 구합니다.

신 청 이 유

1. 사건의 개요

가. 신청인(이하, 다음으로는 '고소인' 이라 줄여 쓰겠습니다)은 ○○○○. ○○. ○○. 광주광역시 ○○경찰서 ○○○○년 형제○○○○호로 피고소인(이하, 앞으로는 '피의자' 라고 합니다)김○환, 정○대를 각 사문서위조죄 등으로 고소하였는바, 그 고소사실의 요지는 아래 2.의 가. 기재와 같습니다.

나. 위 고소사건의 수사를 담당한 사법경찰관 경위 ○○○은 ○○○○. ○○. ○○. 기소의견으로 광주지방검찰청으로 송치하였으나 광주지방검찰청 검사 ○○○은 ○○○○. ○○. ○○. 혐의 없음의 이유로 아래 2.의 나. 기재와 같은 이유로 불기소처분을 하였습니다.

다, 고소인은 이에 불복으로 광주 고등검찰청 ○○○○년 불항 제○○○○호로 항고하였으나 ○○○○. ○○. ○○. 항고기각 결정을 통지받았습니다.

2. 고소사실 및 불기소처분의 요지

가. 고소사실의 요지

(1) 피의자 김○환은 사채업자이고, 같은 정○대는 ○○자동차 ○○영업소의 판매사원인 바, 고소인이 ○○○○. ○○. ○○. 피의자 김○환으로부터 변제기는 ○○○○. ○○. ○○. 차용금은 1개월 ○할 ○푼의 선이자 ○○○만원이 포함된 ○○○만 원으로 하여 ○○○만원을 빌리면서 공증 등 관계서류 작성에 필요하다고 하여 고소인의 인감증명 3통, 주민등록등본 2통, 주민등록초본 1통 및 인감도장을 교부하였는바 피의자들은 공모하여 ○○○○. ○○. ○○. 광주광역시 ○○구 ○○로 ○○, 소재 피의자 김○환의 사

무실에서 ○○할부 금융약정서 용지에 "차입금액 ○○○만원", "상환기간 ○○개월", 채무자란에 "이○기"라고 각 기재하고 고소인의 인감도장을 날인하여 고소인의 권리의무에 관한 사문서인 할부판매보증보험약정서 1부를 위조하고, 같은 날 이를 ○○할부 금융보험주식회사에 제출하여 행사하고, 위 회사로부터 그 즉시 ○○○만원을 대출받아 이를 편취한 것입니다.

나. 불기소처분의 요지

(1) 고소인이 자필서명 한 할부금융 신청 연대보증서, ○○주식회사의 변제독촉에 고소인이 자필로 ○○○○. ○○. ○○.까지 차량할부금을 변제하겠다고 다짐한 확약서, 고소인이 본건 차량을 ○○○만원에 김○환에게 매도하였음을 확인한 차량인도확인서의 각 기재내용을 종합하면, 본건은 고소인이 김○환으로부터 2차례에 걸쳐 ○○○만원을 차용한 뒤 이 채무를 변제할 길이 없자 고소인 명의로 본건 승용차를 구입한 다음 즉시 이를 재판매하여 그 대금을 가지고 김○환에 대한 채무를 변제한 것으로써 이는 고소인과 김○환의 사전약정에 따른 것으로 피의자들의 범죄혐의 인정되지 않는다는 판단으로 불기소처분을 하였습니다.

3. 재정신청의 요지

가. 이 사건의 실체

(1) 고소인은 ○○○○. ○○. ○○. ○○생활정보지에서 차량을 담보로 돈을 빌려준다는 광고를 보고 그곳으로 전화를 걸었는데, 인감증명서, 주민등록등·초본 각 3통, 자동차등록증, 자동차등록원부, 책임보험영수증 및 주민등록증과 인감도장을 구비해 오면 된다고 하여 이를 지참하고 광주광역시 ○○구 ○○로 ○○, 소재 사채업자인 피의자 김○환의 사무실(○○ 상사) 로 찾아가, 김○환으로부터 ○○○만원의 차용금 영수증 및 같은 액면의 약속어음 1장을 각 작성·교부해주면서 변제기는 ○○○○. ○○. ○○. 이자는

월 ○할 ○푼으로 각 정하고 선이자 ○○○만원을 공제한 후, ○○○만원을 빌렸고, 김○환이 공증용으로 필요하다고 요구하여, 동액의 영수증 및 약속어음 1장씩을 더 작성해 주었으며 무슨 보증서인가에도 서명, 날인해 주었고, 돈을 갚지 못할 경우 자신 소유의 타우너 승합차(광주 토○○○○호)를 임의로 처분해도 좋다는 취지의 각서를 작성해 주었는데, 김○환이 고소인 명의의 자동차매매계약서 및 할부 금융신청서를 각 위조하여 고소인 명의로 할부 금융대출금 ○○○만원을 대출받아 이를 사취한 것입니다.

(2) 한편, 피의자 김○환은 고소인이 2차례에 걸쳐 자기로부터 선이자 ○○만원이 포함된 ○○○만원을 빌려가면서 할부 금융대출을 받아 승용차를 구입한 후, 이를 되팔아 자기에 대한 채무를 변제하기로 약정하였고(이른바 차 깡), 고소인이 그에 필요한 할부금융 신청연대보증서, 할부금융 신청서/자동차매매계약서, 차량인도확인서 등에 서명, 날인해 주면서 그 후의 절차는 자기에게 맡겨 자기는 그 위임에 따라 승용차 매수인으로 정○욱을 물색한 후 ○○만원의 할부 금융을 받고 나머지 돈은 정○욱으로 하여금 대게 하여 고소인 명의로 ○,○○○만원 상당의 아반떼 승용차를 구입, 이를 다시 ○○○만원에 고소 외 정○욱에게 팔아 그 차액 ○○만원을 받았을 뿐, 할부금융 신청서/차량매매계약서를 위조하거나 고소인을 기망한 사실이 없고 오히려 자신은 고소인에게 대여해 준 원금 ○○○만원 중, ○○○만원을 받지 못하고 있어 아직도 피해자라고 주장하고 있습니다.

그런데, 이 사건의 수사를 담당한 검사 ○○○은 이 사건 불기소처분이유에서 고소인이 김○환으로부터 돈을 빌리면서 ①채무자 겸 본인 란에 고소인이 자필서명 한 할부금융 신청 연대보증서, ②현대할부 금융 주식회사의 변제독촉에 고소인이 자필로 ○○○○. ○○. ○○.까지 차량할부금을 변제하겠다고 다짐한 확약서, ③고소인이 본건 차량을 ○○○만원에 김○환에게 매도하였음을 확인한 차량인도확인서를 김○환의 진술에 부합하는 증거로 받아

들여 불기소처분을 하였습니다.

그러나 검사 ○○○이 들고 있는 위 각 증거들의 작성경위 및 기재내용을 면밀히 검토하면 여러 가지 점에서 통상의 거래관념에 반하거나 경험칙 상 선뜻 수긍하기 어려운 부분이 많고, 이러한 점에 대한 김○환의 변소는 전후 모순되거나 일관성이 없습니다.

위 각 증거들이 사실은 고소인이 금원을 차용할 당시 단순한 공증 서류로만 알고 서명·날인하였던 것 인 반면 김○환은 이러한 고소인의 무지 또는 경솔을 악용하여 사전 치밀한 계획 하에 이를 조작한 것이 아닌가 하는 의심을 떨쳐버릴 수가 없습니다. 그렇게 보게 된 근거로서 이하 차례로 검사 ○○○이 불기소처분 판단의 자료로 들고 있는 위 증거들에 대하여 설명을 드리겠습니다.

나. 증거에 대한 검토

(1) 연대보증서

(가) 할부 금융신청 연대보증서상의 채무자 겸 본인 란에 고소인의 서명·날인이 되어 있는 것은 맞지만 고소인은 금원을 차용할 당시 김○환이가 공증서류라고 하면서 서류의 내용은 보여주지 않은 채 서명할 곳만 가리켜 내용을 확인하지 않고 그가 가리키는 곳에 서명만 했고, 인감도장은 김○환이 여러 서류에 막 찍었는데 아마도 그것이 위 연대보증서로 주장하고 있습니다. 위 연대 보증서를 보면, 차입금액, 차입조건 등 주 채무에 관한 일체의 내용은 물론, 채무자 및 연대보증인의 성명, 주민등록번호, 주소뿐만 아니라 작성일자도 모두 공란으로 되어 있고, 단지 채무자 겸 본인 란에 고소인의 서명과 날인만이 되어 있을 뿐입니다.

(나) 진정 할부 금융신청을 할 뜻으로 작성된 연대보증서로 보기에는 그 내용이 아무것도 없다 할 정도로 너무나 허술합니다.

이른바 차 깡을 통해 차용금을 변제하려고 했다면 그 대신

새로이 떠안을 할부대출금이 과연 얼마인지는 당연히 알았어야 할 것이고 그러려면 그 흔적이 있어야 하기 때문입니다.(피의자들은 그 뒤 고소인과 피의자 정○대 사이에서 작성된 할부 금융신청서/자동차매매계약서를 통해서 고소인이 대출에 관한 사항을 모두 알았다고 주장합니다. 그러나 뒤에서 보는바와 같이 위 서류에는 고소인의 도장만 날인되어 있을 뿐 서명을 포함한 나머지 기재사항은 모두 정○대가 작성한 것입니다. "인감도장은 김○환이가 여러 서류에 막 찍었는데 공증서류로 알았다"의 한 서류에 해당될 개연성이 높습니다).

또한 위 보증서와 함께 작성된 것으로 보이는 할부대출금에 대한 공정증서 작성촉탁 권한을 위임한 위임장 역시 위 연대보증서와 마찬가지로 위임인 및 수임인의 성명이나 주소는 물론 채권의 구체적 내용 등 아무런 기재가 없고 단지 위임인 및 채무자란에 고소인의 인장만 날인되어 있을 뿐입니다.

(2) 차량인도확인서

(가) 위 확인서의 기재내용은, 고소인이 ○○○○. ○○. ○○. 아반떼 승용차를 ○○○만원에 김○환에게 매도·인도한다는 것입니다. 그러나 고소인은 앞서 본바와 같이 위 확인서는 김○환으로부터 돈을 빌리면서 돈을 갚지 못할 경우 자신이 소유하고 있던 타우너 승합차를 임의처분해도 좋다는 취지로 작성하여 김○환에게 교부한 일종의 각서입니다.

그런데 만약 김○환의 주장대로 위 확인서의 취지가 할부대출금 등으로 구입한 새 차의 매매에 관한 것이라면 위 확인서 본문의 후단 부분인 "인도 일자 이전의 자동차세 및 기타 공과금, 범칙금은 고소인이 책임지기로 한다." 라는 기재의 의미를 도대체 알 수가 없습니다.

김○환의 진술에 의하더라도 위 아반떼 승용차는 출고 즉시

타에 매도하기로 되어 있었고, 실제로 ○○○○. ○○. ○○. 매매계약을 체결하고 같은 달 ○○. 출고되어 자신에게 인도되었다는 것인바, 왜 새 차를 매도하면서 중고차에서 생기는 자동차세, 공과금 및 범칙금을 고소인이 책임지기로 한다. 라는 기재를 하게 했는지 상상할 수가 없기 때문입니다.

(나) 결국 위 확인서는 고소인의 주장대로 중고차인 고소인의 타우너 승합차에 관한 기재로 보이는 면이 있습니다. 고소인은 또 위 확인서 작성 당시 무슨 이유에서인지는 모르나 김○환이 차량번호, 차종, 금액란 및 날짜 란을 공란으로 작성할 것을 요구하여 공란으로 두었는데(날짜 란은 '년', '월', '일'만 기재), 나중에 누군가 위 확인서의 차량번호 란에 "인천 임시 넘버", 차종 란에 "아반떼 오토 DLX", 금액란에 "칠백", 날짜 란에 "○○○○" "○" "○○" 라고 임의로 기입해 넣었다는 것입니다.

이에 대하여 김○환은 위 확인서는 모든 내용을 고소인이 직접 작성하여 자기에게 교부한 것인데, 고소인이 돈을 빌려 간 뒤 나타나지 않아 자기가 위 확인서를 ○○자동차 영업사원인 피의자 정○대에게 제시하고 자동차를 인도받았다고 진술하더니 고소인과의 대질 신문 시에는 "고소인이 자신의 필체가 아니라는 부분은 고소인의 진술을 믿어 자신의 여직원이 기재한 것인지는 모르겠다." 고 진술을 하여 한 발을 빼고 있습니다. 육안으로 보면 엇비슷하여 모든 기재가 동일한 글씨체인지 여부를 판단하기 어렵습니다.

다만 김○환이가 위와 같이 한 발 빼는 진술을 하는 걸 보면 고소인의 주장이 옳을 개연성이 높습니다. 그럴 경우 그 기재부분은 고소인의 글씨체를 본뜬 위필(僞筆)일 수도 있습니다.

(다) 그렇다면 위 확인서는 고소인의 주장과 같이 당초 고소인이

김○환으로부터 돈을 빌리면서 담보목적으로 자신 소유의 타우너 승합차에 대한 처분권을 양도하겠다는 취지로 작성되었는데 김○환이가 이를 고소인이 이른바 차 깡을 자기에게 위임했다는 취지로 악용했고 또 그러기 위해서 처음부터 고소인으로 하여금 그 기재사항을 일부 공란으로 하게 하지 않았나 하는 의구심이 듭니다.

이러한 의구심은 고소인이 차용 당시 김○환에게 작성·교부한 두 장의 영수증 중 한 장의 내역 란에 "○○○○"이라는 기재가 있는데 이는 앞서 본바와 같이 고소인 소유의 승합차 타우너의 차량 번호가 바로 광주 토○○○○호 라는 점과, 한편 기록에 의하면 고소인이 김○환으로부터 금원을 차용했다는 일자 얼마 후인 ○○○○. ○○. ○○.초 김○환이가 고소인을 상대로 ○○○만원의 약속어음 채권을 가지고 고소인의 위 승합차에 가압류를 신청하여 같은 달 ○○. 가압류결정(광주지방법원 ○○○○카단○○○○호)까지 받아놓고서도 위 승합차와는 전혀 무관하듯 오로지 할부금대출과 새 차 매매만으로 차용금을 변제받으려 했다고 여러 번 주장하는 점 등을 모두 보면 더욱 그러합니다.

(3) 확약서

(가) 위 확약서의 기재내용은 고소인이 ○○할부 금융주식회사로부터 차량할부금을 대출, 보증하였는데, 장기연체로 인한 민사 강제집행 및 형사고소 건이 ○○○○. ○○. ○○.로 예정되어 있어 위 날짜까지 연체된 ○○○만원을 이행하겠다는 것이고, 고소인도 위 확약서에 서명, 날인한 점을 인정하고는 있습니다. 그러나 고소인은 위 확약서를 작성하게 된 것은, 위 회사가 자신이 대출받은 바 없는 대출금을 변제하라고 독촉하더니 자신을 상대로 고소까지 하였고, 자신은 어차피 김○환에 대한 채무가 있어 위 채무액이 위 회사에서 그 무렵 독촉하는 액수와 맞먹어 그 한도 내에서 갚아 주려는

취지로 작성해 준 것일 뿐이지, 결코 위 회사로부터 대출을 받았다는 것을 인정하는 것이 아니라고 일관되게 진술을 하였습니다. 기록에 의하면 고소인과 고소인의 부 이○수는 위 회사의 할부금 변제독촉에 대하여 고소인이 자동차 구입은 물론 할부 금융대출도 받은 사실이 없다고 여러 차례 정○대 및 위 회사에 항의한 사실도 있습니다. 이럴 경우 위 확약서가 있다하여 고소인이 할부 금융대출을 받았다는 것을 곧 바로 시인한 것으로 단정하기는 어렵습니다.

다. 기타 의문점

(1) 할부 금융신청서/매매계약서

(가) 고소인이 할부 금융대출을 신청하여 승용차를 구입하였다는 가장 직접적이고 결정적인 증거가 될 수 있는 것은 피의자들이 주장하는 고소인과 정○대 사이에서 작성되었다는 할부 금융신청서/자동차매매계약서입니다. 그런데 고소인은 위 신청서/계약서에 서명, 날인한 사실이 없을 뿐만 아니라 본 사실도 없습니다. 실제로 위 신청서/계약서에는 신청인 및 매수인이 고소인으로 기재되어 있으나, 고소인의 필체가 아님이 분명하고(정○대도 위 신청서/계약서는 자신이 작성했다고 시인하고 있습니다) 연대보증인 란은 물론 작성일자도 기재되어 있지 않으며, 계약서에는 고소인의 날인조차 없는 등 통상의 계약서라고 보기에는 너무나 불충분합니다.

이에 대하여 김○환은 위 신청서/계약서는 "정○대가 고소인의 자필서명과 인장날인을 받아놓으라며 위 서류를 자신의 사무실에 놓고 갔는데, 다음날 고소인이 와서 자필서명을 하였고, 그 날 오후 정○대가 와서 서류를 가져갔다"고 하다가, "○○○○. ○○. ○○.경 자신의 사무실에서 고소인이 있는 자리에서 정○대가 작성하였고, 신청서의 서명·날인 란에는 분명히 고소인이 서명하고 날인하였다"고 진술을 번복하고 있습니다.

(나) 한편 정○대는 사법경찰관 면전에서 "○○○○. ○○. ○○. 경 김○환이 자기 회사차량을 직원명의로 구입한다면서 고소인의 인감증명서 등을 제출하여 고소인의 동의가 있는 것으로 믿고 고소인에게 매수의사를 확인하지 않고 차량을 판매하게 된 것이고, 자동차매매계약서와 할부 금융신청서도 자신이 직접 작성하였으며, 특히 김○환이 제출한 할부 금융신청서상에 고소인의 도장이 찍혀 있어 자신이 직접 위 신청서상에 '이○기'라고 이름을 기재해 넣었다"고 구체적으로 개연성 있는 진술하다가 그 후 "○○○○. ○○. ○○. 김○환의 사무실에서 고소인, 김○환이 동석한 자리에서 자신이 할부 금융신청서를 작성하였고 고소인으로부터 도장을 받아 자신이 찍었다"고 진술을 번복했습니다. 위와 같이 피의자들의 진술이 수시 엇갈리는데다가 위 서류상에 고소인의 직업에 관하여 "○○종합물류", 부서명 "경리부", 직위 "대리"로 고소인의 인적사항과는 전혀 동떨어지게 기재되어 있는 점 및 김○환이 자기 회사차량을 직원명의로 구입한다고 하며, 관련서류를 주어 자신이 직접 위 신청서 및 매매계약서를 임의로 작성하고 서명, 날인했다는 정○대의 구체적이고 개연성 있는 여러 차례의 진술에 비추어 보면, 공증서류 등으로만 알고 고소인의 도장을 찍도록 한 위 서류에 김○환 또는 김○환이 정○대와 협력하여 위조한 것이 아닌가 하는 의심이 듭니다.

(2) 약속어음

(가) 고소인이 돈을 빌리면서 김○환에게 약속어음 2장에 서명, 날인하여 준 사실은 쌍방 간에 다툼이 없습니다. 그런데 김○환은 일관하여 고소인에게 돈을 빌려준 것은 고소인이 할부 금융대출을 받아 승용차를 구입한 후, 이를 되팔아 그 대금으로 돈을 갚겠다고 했기 때문이고, 할부 금융대출 및 재

판매 절차를 자기가 주도했습니다. 그런데도 김○환은 앞서 본 바와 같이 고소인이 자동차매매계약을 체결하기도 전인(자동차매매계약은 ○○○○. ○○. ○○.로 주장하고 있습니다) ○○○○. ○○. ○○.이미 위 ○○○만원의 약속어음금 채권을 가지고 고소인의 자동차에 가압류를 신청하여 ○○○○. ○○. ○○.가압류결정까지 받았습니다. 이와 같은 2중의 권리행사를 김○환은 무어라고 해명할 것인지, 이 점에 관한 의문도 풀려야 하는 것입니다.

(나) 한편, 차용금에 대한 공증용 약속어음은 특별한 사정이 없는 한, 차용 일을 발행일로, 변제 기일을 지급기일로 하는 것이 통상의 거래관행에 부합합니다. 그런데 위 약속어음은 실제 고소인이 돈을 차용한 날(고소인은 ○○○○. ○○. ○○.이고 김○환의 진술은 일관되지 아니하여 종잡을 수 없지만, 전체적인 정황으로 보아 ○○○○. ○○. ○○.경입니다) 보다 발행일은 물론 지급기일까지 과거로 소급하여 작성되었는바(한 장은 발행일이 ○○○○. ○○. ○○.지급기일이 같은 해 ○○. ○○.이고, 다른 한 장은 발행일이 ○○○○. ○○. ○○. 지급기일은 같은 해 ○○. ○○.로 되어 있습니다), 통상의 거래관행에 비추어 볼 때 이례적인 일이라 할 것이고, 합리적으로 해명되지도 않았음에도 이 사건의 수사를 담당한 검사는 이 점에 대하여 아무런 조사를 한 흔적이 전혀 없습니다. 이에 대하여 고소인은 돈을 차용할 당시 약속어음 2장에 서명, 날인해 준 것은 사실이지만, 날짜는 기재하지 말라는 김○환의 요구에 따라 날짜는 기재하지 않았다는 것이어서, 결국 김○환은 위 약속어음에 고소인의 서명, 날인만을 받아 놓았다가 나중에 날짜를 기입하여 사용한 것으로 의심됩니다.

(3) 고소인과 김○환이 만난 경위

(가) 고소인은 생활정보지 벼룩시장을 보고 돈을 빌리려고 사채사

무실에 가서 위 김○환을 처음 만나 그 날 돈을 빌렸을 뿐 그 날 외에는 김○환을 본 일이 전혀 없다고 일관되게 진술하였습니다. 반면, 김○환은 처음 경찰에서 "자신은 광주 ○○구청 앞에서 ○○자동차보험대리점을 운영하였는데, 고소인이 찾아와 보험 영업사원으로 일하겠다고 하여 1주일 정도 직원으로 일하여 알게 되었고 자신으로부터 2회에 걸쳐 ○○○만원을 빌려갔다"고 진술하였다가, 그 후에는 "고소인이 자신의 사무실을 함께 사용하던 선배인 사채업자 함○태를 만나러 왔다가 우연히 알게 된 사이"라고 진술하더니, 다시 고소인과의 대질 신문 시에는 "고소인이 부동산 경매와 자동차 금전관련 업무를 하며 자신과 함께 일을 하던 정○욱으로부터 대출을 받으러 왔다가 만났고, 며칠 후 할부차량을 구입하는 방법으로 돈을 빌려주었다"고 하여 진술시마다 번복하고 있습니다. 그런데 김○환이 ○○○○. ○○. ○○.부터 ○○○○. ○○. ○○.경 사이에 ○○자동차보험주식회사의 대리점 내지 설계사로 근무한 사실이 없음은 사실조회결과 명백하고, 고소인 또한 위 회사의 직원으로 근무한 바 없는 사실은 전후 사정에 비추어 명백하므로 김○환의 진술은 도대체 신빙성이 없습니다.

(4) 금원을 차용해 준 경위, 시기 및 액수

(가) 고소인은 위에서 본 바와 같이 ○○○○. ○○. ○○.김○환으로부터 자신의 타우너 승합차를 담보로 ○○○만원을 빌렸는데, 변제기는 3개월 후인 같은 해 ○○. ○○. 이자는 월 ○할 ○푼으로 정하고, 선이자로 ○○○만원을 공제한 후, 실제로 수령한 돈은 ○○○만원이며 김○환이 공증서류를 작성한다고 하여 인감증명서, 주민등록등·초본, 신분증 및 도장등을 교부했다고 일관되게 진술했습니다.

(나) 그런데 김○환은 처음 사법경찰관 면전에서 "고소인이 ○○○○. ○○. ○○. 여자문제라면서 돈이 급히 필요하다면

서 ○○○만원을 주면 일주일 후 ○○○만원을 주겠다면서 ○○○만원의 영수증을 써 주었고, 같은 해 ○○. ○○. 사무실 근처 식당에서 직원들과 회식 중 고소인이 여자와 동거하는데 집을 구해야 한다면서 ○○○만원을 빌려가면서 ○○○만원을 주겠다고 영수증을 작성해 주었고, 공증서류를 작성하기 위하여 인감증명서, 주민등록등·초본 같은 서류는 절대 받은 사실이 없다"고 진술하였습니다. 그러다가 광주지방검찰청에서는 " ○○○○. ○○. ○○. 고소인이 찾아와 교통사고가 났다면서 급히 돈 ○○○만원이 필요하다고 사정하여 처음에는 거절하였는데, 이틀 후 다시 찾아와 차를 할부로 구입하여 팔면 그 차액이 ○○○여만원이 되는데 그 차액으로 돈을 갚겠다고 하여 그 날 2회에 걸쳐 ○○○만원을 빌려 주었다"고 진술하더니, 다시 "실제로 고소인에게 돈을 차용해 준 것은 ○○○○. ○○. ○○.이 아니라 ○○○○. ○○. ○○.자로 ○○○만원, ○○○○. ○○. ○○.자로 ○○○만원 도합 2회에 걸쳐 ○○○만원을 빌려주었고, 당시 담보서류로 인감증명서 1통, 주민등록등본 1통, 문방구 어음 2매를 받은 것이 전부이고 그 서류를 받은 것은 고소인이 돈을 갚지 않을 경우 고소인의 재산에 압류하기 위하여 미리 받아 놓은 것이다." 라고 진술하고 있습니다, 이와 같이 돈을 빌려준 경위, 회수, 날짜 및 액수는 물론 인감증명서 등의 공증용 서류의 수신여부에 대하여도 진술시마다 그 내용을 달리하고 있습니다.

(다) 또한 김○환은 고소인과 대질 신문 시 "…(고소인이) 다마스 차량 서류를 담보로 걸겠다고 하여 그 말을 믿고 …돈을 …주었다"고 진술하다가(피의자신문조서, 다마스는 타우너의 착오로 보입니다), 고소인의 무고혐의에 대한 신문 시에는 "처음에 돈을 빌려줄 때, 고소인 소유의 다마스 승합차를 담보로 잡은 것도 아니고 차를 보지도 못했다"고

부인하는 등 승합차를 담보로 설정했었는지 여부에 대하여도 일관성이 없기는 마찬가지입니다.

(5) 여기서 특히 주목되는 것은 사채업자인 김○환이 ○○○만원씩을 빌려주면서 이자로서 단지 "○만원씩만을 받기로 했다"는 진술 부분입니다. 이 부분에 관한 한 김○환의 진술은 일관합니다. 그의 입장에서 고리채를 숨기기 위해 그렇게 줄일 수밖에 없다는 사정은 그렇다 치더라도 동인을 수사하는 검사로서는 김○환 진술의 전반적 신빙성의 차원에서 왜 그에 대한 아무런 추궁이 없었는지 지극히 의아스럽습니다. 사채업의 실상에 비추어 도저히 이해가 되지 않는 부분이기 때문입니다.

(6) 결국 검사 ○○○의 이 사건에 대한 수사는 여러모로 미진했다고 지적하지 않을 수 없습니다. 검사의 불기소처분이유의 결론대로 이 사건에서 고소인의 의사에 따라 할부대출과 신차매매가 이루어졌다면 우선 차량인도 확인서상의 "자동차세, 기타 공과금 및 범칙금은 고소인이 책임지기로 한다." 라는 기재는 왜 들어갔는지 해명이 되어야 합니다. 아울러 영수증상의 "○○○○"의 기재라든가 이른바 차 깡만으로 차용금을 변제받기로 했다 면서도 ○○○○. ○○. ○○.약속어음 채권을 가지고 고소인의 자동차에 진즉 가압류결정을 받아내게 된 저의는 어디에 있었는지, 그리고 기본적으로 사채업자임이 분명한 김○환이가 특별한 관계도 없는 고소인에게 ○○○만원씩 두 번을, 이자는 겨우 5만 원씩으로 대여한다는 것이 도대체 있을법한 일인 것인지 기타 위에서 나온 여러 가지 의문점, 그리고 김○환 진술의 모순점 등을 검사 ○○○으로서는 심층 있게 파고들어 수사를 했어야 하고 경우에 따라서는 위 확인서상의 필적의 상위여부도 감정 등을 통해 규명했어야 합니다.

또한 가능하면 새 차 아반떼를 일부 돈을 대준 후 값싸게 샀다는 같은 사무실의 정○욱의 실재여부 및 실재한다면 그의 진술도 직접 들어서 석연치 않은 김○환 진술의 그 부분 진위여부도 따져보고 아울러 할부금융회사의 관계자 진술도 들어보았어야 옳습니다.

왜냐하면 할부대출금이 나가는데도 연대보증인 없이 주 채무자의 신청만으로 가능했다는 점이 아무래도 석연치 않기 때문입니다.

결국 김○환이가 고소인으로부터 받았다는 차용금에 관한 서류는 어느 하나 제대로 갖춰진 것이 없다는 결론이 되기 때문입니다.

특별히 그럴만한 사정도 없고 또 그렇게 하는 것이 사채업계의 관행이라고 볼만한 아무런 자료도 없습니다. 이와 같이 어느 하나 제대로 갖춰진 것이 없는 서류임에도 그곳에 고소인의 서명 또는 인영이 하나 들어있다 하여 그것만으로 모든 의문을 잠재우는 식의 판단을 한다면 이는 지극히 위험한 발상이라 아니할 수 없습니다.

사채업자가 무슨 용도에 쓰이는지도 모를 서류를 들이대며 무지한 차용인의 다급한 처지를 악용할 소지는 얼마든지 있기 때문입니다.

서류상 미비점이 수두룩한 이 사건에 있어서는 더욱 김○환 진술의 신빙성 및 이 건 사채대여 당시의 동인의 처지나 행적을 면밀히 따져 보지 않을 수 없습니다.

이 사건은 피의자들이 무혐의가 되는 경우 무고로 고소인이 처벌받게 되기 때문입니다.

고소인에게 할부대출에 관한 단순한 민사상 책임의 귀속여부 차원과는 달리 검사가 잘못 판단되는 경우 처벌의 문제가 뒤바뀌게 됩니다. 그러므로 검사 ○○○으로서는 의문의 여지가 전혀 없도록 면밀하게 또 다각적으로 수사가 요구되는 이유입니다.

(7) 이 사건 수사를 담당한 검사 ○○○으로서는 당연히 의심을 갖고 조사하여야할 중요한 사항을 조사하지 아니하는 등 정의와 형평에 현저히 반하는 자의적인 수사를 하거나 중요한 사실에 관한 자의적인 판단을 하고 이에 기하여 혐의 없음의 이유로 불기소처분을 한 것은 중대한 수사미진과 법리오해의 잘못이 있습니다.

4. 결 론

이상의 사실에 의하여 피의자에 대한 범죄행위는 충분히 인정된다 할 것인데 검사의 피의자에 대한 불기소처분은 그 이유가 없는 것이므로 피의자 ○○○에 대한 공소제기결정을 구하기 위하여 이건 재정신청에 이른 것입니다.

소명자료 및 첨부서류

1. 불기소처분통지서	1통
2. 불기소처분이유서	1통
3. 항고기각통지서	1통

○○○○ 년 ○○ 월 ○○ 일

위 신청인(고소인) : ○ ○ ○ (인)

광주 고등법원 귀중

(5)재정신청서 - 사기죄 검사가 수사를 제대로 하지 않고 행한 자의적인 판단 공소제기 결정 청구 최신서식

재 정 신 청 서

사   건 : ○○○○고불항 제○○○○호 사기

재 정 신 청 인(고소인) : ○   ○   ○

피재정신청인(피고소인) : ○   ○   ○

수원 고등법원 귀중

재 정 신 청 서

재 정 신청인	①성 명	○ ○ ○	②주민등록번호	생략
	③주 소	안양시 ○○구 ○○로○길 ○○○, ○○○호		
피재정 신청인	④성 명	○ ○ ○	⑤주민등록번호	생략
	⑥주 소	생략		
⑦ 사 건 번 호		수원지검 안양지청 ○○○○형제○○○○호 사기 수원고등검찰청 ○○○○고불항 제○○○호 사기		
⑧ 죄 명		사기		
⑨ 처 분 일 자		○○○○ 년 ○○ 월 ○○ 일		

위 고소사건에 대한 수원지방검찰청 안양지청 ○○○○형제○○○○호 사기죄 피의사건에 대하여 ○○○○. ○○. ○○. 불기소처분 결정이 있었고, 재정신청인 ○○○(이하 앞으로는"고소인"이라고 줄여 쓰겠습니다)은 이에 대해 수원 고등검찰청 ○○○○고불항 제○○○○호로 항고하였으나, ○○○○. ○○. ○○. 항고기각결정이 있었습니다.

따라서 고소인은 위 항고기각결정에 대한 통지를 ○○○○. ○○. ○○. 수령하였으므로 형사소송법 제260조에 따라 이래와 같이 재정신청서를 제출합니다.

신 청 취 지

1. 피의자 ○○○에 대한 수원지방검찰청 안양지청 ○○○○형 제○○○○호 사기죄 피의사건에 대한 공소제기를 결정한다.

   라는 재판을 구합니다.

신청이유

수원지방검찰청 안양지청 검사 ○○○은 이 사건 범죄사실에 대하여 혐의 없음(증거불충분)의 이유로 불기소처분을 하였습니다.

1. 사건의 개요

가. 고소인은 ○○○○. ○○. ○○.수원지방검찰청 안양지청에 피고소인들을 사기죄로 고소하였는바, 그 고소사실의 요지는 다음과 같습니다.

나. 피고소인 이○○은 상업에 종사하는 자, 같은 박○○은 일정한 직업이 없는 자로서, 위 이○○은 고소인으로부터 그 소유의 경기 양평군 강하면 ○○로 ○○, 소재 임야 ○,○○○평방미터, 같은 로 ○○-○○, 소재 대지 ○,○○○평방미터, 같은 로 ○○-○○,소재 하천 ○○○평방미터 등 3필지에 대한 각 공유자 지분 3분의1, 같은 로 ○○-○, 소재 도로 ○,○○○평방미터에 대한 공유자 지분 922분의297 중 공유자 지분 3분의1 등 및 강원도 강릉시 ○○로 ○○, 소재 ○○맨션 제○○동 ○○○○호를 명의신탁 받아 자신의 명의로 소유권등기를 하여 관리해 오고 있는바, 사실은 위 이○○이 위 박○○으로부터 금 ○억 원을 차용한 사실이 없음에도 불구하고 위 박○○이 위 이○○에 대하여 동액 상당의 채권이 있는 것처럼 가장하여 위 각 부동산에 대하여 강제경매신청을 함으로써 이를 편취하기로 공모하여,

○○○○. ○○. ○○.경기도 안양시 ○○구 소재 ○○법무법인에서 피고소인 이○○이 같은 박○○에 대해 금 2억 원의 차용금이 있는 것처럼 액면 합계 금 2억 원의 약속어음 3매에 대해 공정증서를 작성해 주고, 위 박○○은 이에 근거해 강제경매신청을 하여 ○○○○. ○○. ○○.춘천지방법원 강릉지원 ○○○○타경○○○○호로 위 강릉시 소재 아파트에 대해, 같은 달 ○○. 수원지방법원 여주지원 ○○○○타경○○○○호로 위 양평군 소재 각 토지에 대해 각 강제경매개시결

정이 내려진 후, 같은 달 ○○.경 위 경기도 수원시 ○○구 ○○로 ○○, 소재 ○○커피숍에서 위 강제경매개시결정이 정당한 권원에 의하여 이루어진 것으로 속은 위 고소인으로부터 위 양평군 소재 토지에 대한 경매신청을 취하해 주는 조건으로 금 1억 원을 교부받아 이를 편취한 것입니다.

다. 고소인의 주장요지

○ 고소인은, 피고소인 박○○이 같은 이○○에 대하여 아무런 채권을 가진 것이 없음에도 불구하고 피고소인들이 공모하여 허위 채권에 근거해 이 사건 부동산에 대하여 강제경매신청을 하였다고 했습니다.

○ 피고소인들은 위 박○○은 이○○에 대하여 금 2억 원 상당의 채권을 가지고 있어, 그에 근거해 이 사건 부동산에 대해 강제경매신청을 하였다고 거짓말을 하고 있습니다.

2. 불기소이유의 요지

○ 검사 ○○○은 위 고소사건을 조사한 후, ○○○○. ○○. ○○.피고소인들에 대하여 각 혐의 없음의 불기소처분을 하였습니다.

3. 재정신청이유의 요지

가. 그러나 아래에서 보는 바와 같이 피고소인 박○○이 같은 이○○에게 과연 2억 원에 달하는 금원을 대여해 줄 수 있는 자력이 있었는지 의심이 되고, 또한 박○○은 이○○에게 돈을 차용해 준시기 및 액수 등에 관하여 여러 가지 점에서 통상의 거래관념에 반하거나 경험칙상 선뜻 수긍하기 어려운 부분이 있음에도 검사 ○○○은 수사를 다하지 않은 잘못이 있습니다.

나. 수사미진

(1) 피고소인 박○○의 대여자력

  ○ 피고소인 박○○은 같은 이○○에게 돈을 빌려준 시기 및 액수 등에 관하여 수차례 진술을 번복하다가, 최종적으로 검사 ○○○에게 제출한 진술서를 통해서 고소 외 김○○으로부터 양도받은 이○○에 대한 ○,○○○만원의 채권을 포함하여 약 1억 6,200만원을 이○○에게 차용해 주었다고 주장하고 있습니다.

  ○ 그러나 박○○은 ○○○○. ○○.경 남편과 사별한 후 혼자 두 자녀를 부양하고 있는 가정주부로서 특별한 직업이 없고, 특히 박○○에 대한 신용조사보고를 보면, ○○○○. ○○.경 당시 박○○은 ○○○시 ○○면 ○○로 소재 전 3필지, 면적 합계 ○,○○○평방미터(위 신용조사보고서상 평가가격이 금 ○.○○○만원으로 기재되어 있습니다) 외에 별다른 재산이 없고, 오히려 3건의 금융기관 불량거래 실적까지 있었던 사실을 알 수 있습니다. 따라서 그와 같은 처지에 놓여있는 박○○이 같은 피고소인 이○○에게 위와 같은 금액의 돈을 대여할 수 있는 자력이 있었는지 의문이 아닐 수 없습니다.

  ○ 이에 대하여 박○○은, 평소 알고 지내던 위 김○○이 그 소유의 ○○시 ○○구 ○○로 ○○, 소재 부동산을 담보로 ○○은행에서 금 ○,○○○만원을 대출받을 때 자신이 대출채무자가 되어 주었는데, 그 후 ○○○○년 위 대출금을 제대로 변제하지 못한 탓에 금융기관 불량거래가 발생한 것이지 그 이전까지 자신은 상당한 경제력을 보유하고 있었고, 현재도 2억원 상당의 ○○회원증 7개를 소유하고 있는 등 그때 못지않은 재력을 가지고 있다고 주장하고 있습니다.

    그러나 우선 박○○이 검사 ○○○에게 제출한 ○○회원증에 관하여 보건대, 이것이 동녀가 주장하는 만큼의 금전적 가치를 지니고 있는지 의문일 뿐만 아니라, 더구나 동 회원증 7매 중 6매는 타인 명의의 것으로서 박○○의 소유로 보기도 어렵습니다.

또한 박○○은 이○○에게 금원을 차용해 준 근거라며 제출한 박○○ 명의의 농협은행 예금통장을 보게 되면, 박○○은 ○○○○. ○○. ○○.경부터 ○○○○. ○○. ○○.경까지 사이에 농협은행의 위 해당 계좌에 대해서만도 항시 ○.○○○여만 원 내지 ○,○○○여만 원 상당의 대출금 채무를 부담하고 있었던 사정이 엿보이는바, 그와 같이 금융기관 대출금 채무도 제대로 변제치 못하고 있는 상황에서 이○○에게 위와 같은 금원을 대여할 수 있는 자력이 박○○에게 있었는지 의문이고, 또한 이는 ○○○○년 이후 비로소 자금사정이 악화되었다는 동녀의 주장과도 배치되는 것입니다.

○ 따라서 여러모로 보더라도 박○○은 이○○에게 원금으로만 ○,○○○만원(박○○은 이○○에게서 변제받아야 할 채권 원금 1억 6,200만원 중 위 김○○으로부터 양수받았다고 주장하는 채권 9,000만원을 차감한 금액)을 빌려줄 수 있는 자력을 보유하고 있었다는 주장은 이를 선뜻 받아들이기 어렵습니다.

○ 그렇다면 검사 ○○○으로서는 박○○이 어떤 자금으로 이○○에게 금 ○,○○○만원을 빌려주었는지 등에 대하여 박○○을 더 추궁하거나 조사하여 그 진술의 진위 여부를 밝혔어야 함에도 불구하고 그와 같은 수사를 제대로 하지 않고, 피고소인들의 신빙성 없는 진술을 그대로 믿고 불기소처분을 한 것은 중대한 잘못이라고 아니할 수 없습니다.

(2) 금원을 대여해 준 경위, 시기 및 액수

○ 이○○에게 돈을 빌려준 경위 등에 관하여 박○○은, ○○○○. ○○. ○○.3,000만원, ○○○○. ○○. ○○.1,200만원, ○○○○. ○○. ○○.2,000만원, ○○○○. ○○. ○○. 1,000만 원 등 합계 금 ○,○○○만원을 대여하였고, 김○○으로부터 양수한 이○○에 대한 금 9,000만원의 채권을 포함하여 이○○에게

서 변제받아야 할 채권의 원금만 해도 1억 6,200만원이 된다고 주장하고 있습니다.

○ 그러나 피고소인 박○○이 이○○에게 돈을 빌려준 경위 및 시기 등에 관해 수차례 진술을 번복하고 있는데다가 여러 가지 점에서 통상의 거래관념에 반하거나 경험칙 상 선뜻 수긍하기 어려운 부분이 있어 진술의 신빙성에 의문이 갑니다.

○ 우선 이○○에게 돈을 빌려준 경위에 관하여 박○○은, "○○○○. ○○. ○○.부터 ○○○○. ○○. ○○.전후에 이○○이 나무를 사는데 필요하다고 하여 ○,○○○만원을 차용해 주었고, 차용조건은 이자는 월 2부로 하되, 변제기간은 따로 정하지 않았으며, 이전부터 이○○을 알고 있었기 때문에 차용증만 받고 돈을 차용해 주었다.","○○○○.초경 다른 사람 통장을 통해 2,000만원을 빌려주고, ○○○○. ○○. ○○.경 커피숍에서 3,000만원을 빌려주는 등 ○○차례에 걸쳐 원금 합계 1억 4천만 원을 빌려주었다. 이○○이 처음에 돈을 빌려갈 때는 나무를 사야 한다면서 2,600만 원 정도를 빌려갔다.","○○○○년도 연말경에 마지막으로 몇 천만 원을 빌려주었다.,"○○○○. ○○. ○○.3,000만원, ○○○○. ○○. ○○.1,200만원, ○○○○. ○○. ○○.2,000만원, ○○○○. ○○. ○○. 1,000만 원 등 도합 금 ○,○○○만원을 대여하였다. 그리고 김○○으로부터 양수한 이○○에 대한 금 9,000만원의 채권을 합하여 이○○에게서 받을 돈은 원금만 해도 1억 6천여만 원이 되었다."라는 등으로 진술하고 있습니다. 이를 자세히 살펴보면, ①우선 차용금 액수와 관련된 진술 중, 최초로 빌려준 돈의 액수와 관련하여 처음에는 2,000만원 혹은 2,600만원이라고 하였다가 3,000만원이라고 번복하였고 마지막으로 빌려준 돈의 액수도 3,000만원 혹은 몇 천만 원이라고 하였다가 1,000만원이라고 번복하였으며 빌려준 돈의 총액도 1억 5천만 원이라고 하였다가 자신이 직접 빌려준 돈의 총액은 7,200만원이라고 번복하는 등 수

시로 진술을 번복하고 있고, ②마지막으로 돈을 빌려준 시기와 관련하여서도, ○○○○년도 연말이라고 하였다가 ○○○○. ○○. ○○.경이라고 진술을 번복하였습니다. 더구나 박○○에 게서 돈을 빌린 이○○은, 경찰에서는 일체 진술을 거부하다가 검찰에서는"○○○○. ○○. ○○.경 ○○에 있는 이름을 모르 는 다방에서 5,000만원을 빌렸고, 그 후로도 수회에 걸쳐서 돈 을 빌렸으며, 박○○에게서 빌린 돈은 원금만 약 1억 6천만원 정도 된다.","차용기간은 1년으로 하였다."라고 진술하고 있는 등, 돈을 빌린 장소, 차용 금액 및 조건 등에 관하여 박○○과 완전히 다른 진술을 하고 있습니다.

○ 다음으로 박○○은 이○○에게 금융기관 대출금으로 돈을 빌 려줄 정도로 그들이 특별한 관계에 있었는가 하는 점도 의문 입니다. 이에 대하여 이○○은 그의 처와 박○○이 서로 친한 관계여서 그와 같은 금전거래를 하게 되었다는 취지로 진술하 고 있고, 박○○도 위 김○○을 통해 이○○을 잘 알게 되어 위와 같이 돈을 빌려주게 되었다고 주장하고 있으나, 위에서 적시한 박○○의 농협은행 예금통장 내역에서 본 것처럼 박○ ○이 금융기관의 돈을 대출받아 가면서까지 이○○에게 돈을 빌려주어야 할 특별한 사정은 엿보이지 않습니다. 더구나 이○ ○이 그 당시 상당한 재력을 보유하고 있었다거나 유망 사업 을 벌이고 있었던 것도 아닌 것으로 보여 지고, 따라서 그에게 대여한 돈의 회수를 전적으로 확신할 수 있었던 상황도 아니 었는바, 그와 같은 상황에서 여유자금도 아닌 금융기관 대출금 으로 돈을 빌려주었다는 것은 지극히 이례적인 일이라 하지 않을 수 없겠습니다.

○ 더구나 금원의 차용조건까지 고려해 본다면, 박○○은 이○○ 에게 금원을 대여해 주면서 차용증만 작성해 받았고, 그 외의 일체의 담보를 제공받지 않았으며, 금원 대여 후 수년이 지나 이 사건 부동산에 대한 강제경매신청 직전에 이르러서야 그간

의 원리금을 합한 금액인 금 2억 원에 대하여 약속어음 공증을 받았다는 것인데, 위에서 본 바와 같이 대여금 회수를 확신할 수도 없는 사람에게 금융기관 대출을 받아 돈을 빌려주면서 담보도 제공받지 않았다는 것은 통상의 거래관념에 비추어 보아 믿기 어려운 일이라 하지 않을 수 없습니다.

○ 결국 박○○은 이○○에게 돈을 빌려준 경위, 시기 및 금액 등에 관한 피고소인들의 진술이 서로 일치하지 않을 뿐만 아니라 통상의 거래관념에 비추어 보아도 납득하기 어려운 점이 많습니다.

○ 그렇다면 검사 ○○○으로서는 박○○이 이○○에게 금 7,200만원을 빌려준 것이 사실인지 등에 관하여 박○○과 이○○을 더 추궁하거나 조사하여 그 진술의 진위 여부를 밝혔어야 하고, 특히 무엇보다도 박○○이 ○○○○. ○○. ○○.농협은행에서 대출받아 이○○에게 빌려주었다고 하는 금원 5,000만원 중 일부는 수표로 출금된 것으로 보여 지므로 그 수표를 추적해 보면 피고소인들 주장의 진위 여부를 어느 정도 가늠해 볼 수 있었을 것임에도 불구하고 그와 같은 수사를 한 흔적이 전혀 없었습니다.

(3) 피고소인 이○○의 차용금 사용처

○ 이○○은 박○○으로부터 빌린 돈의 사용처에 관하여, 경찰에서는 일체 진술을 거부하다가 검찰에서는 "조경수 사업을 하는 여○○로부터 조경수 사업이 이익이 많이 남으니 동업을 하자는 제의를 받고 그에게 자본을 대기로 하여 그 후 전국을 돌아다니면서 나무를 사서 이를 판매하는 사업을 하였는데, 이 사업과 관련하여 돈이 필요해 박○○에게서 돈을 빌리게 되었다. 빌린 돈 가운데 약 1억 원은 나무를 사는데 사용하고, 약 2,200만원은 필요경비 등으로 사용하였다."라고 진술하였고, 또한 "현재 가지고 있는 나무의 시가는 1억 원이 조금 넘는다."라

고 진술하였습니다.

○ 그러나 한편 이○현은 경찰에서 자신의 재산상황에 관하여 진술하기를, 처 앞으로 된 아파트 전세금 6,500만원 외에 아무런 재산이 없고, 동산은 오히려 '-800만원'이라고 진술하고 있습니다. 그렇다면 이 진술은, 그가 박○○에 대하여 2억 원 상당의 채무를 부담하고 있고, 또한 1억여 원 상당의 나무도 소유하고 있다는 주장과는 서로 맞지 않습니다.

○ 또한 설사 이○○이 박○○에게서 차용한 차용금으로 조경수 사업에 참여한 것이 사실이라고 하더라도, 현재 1억여 원 상당의 나무 외에는 다른 재산이 없다는 그의 진술에 비추어, 이○○은 조경수 사업에 참여할 당시 그 자신은 아무런 자본도 없었으면서 위 여○○에게 사업자금을 대기로 약정하였고, 그 후 사업자금 전액을 박○○ 등에게서 빌린 돈으로 충당하였다는 주장으로 판단되는데, 이 또한 경험칙 상 쉽게 납득하기 어려운 일이라 하지 않을 수 없습니다.

○ 따라서 이 점과 관련하여서도 검사 ○○○은 이○○이 박○○에게서 빌린 돈을 조경수 사업에 사용한 것이 맞는지, 현재 1억여 원 상당의 이○○ 소유 나무가 있는지 등에 관하여 위 여○○ 등을 조사하여 피고소인들 진술의 진위 여부를 밝혔어야 함에도 불구하고 그와 같은 수사를 제대로 하지 않았습니다.

다. 소결론

검사 ○○○은 당연히 의심을 갖고 조사하여야 할 중요한 사항을 조사하지 아니하는 등 정의와 형평에 반하는 자의적인 수사를 하거나 중요한 사실에 관한 자의적인 판단을 하고 이에 기하여 불기소처분의 결정을 하고 말았습니다.

4. 결론

검사 ○○○은 이 사건을 수사한 후, 피고소인들에 대하여 각 혐의 없음의 불기소처분을 하였는바, 위에서 본 바와 같이 경험칙 상 선뜻 수긍이 가지 않거나 이례적인 대목이 많이 있고, 이러한 점에 대하여 합리적으로 납득할 정도의 해명이 없는 상태에서 불기소처분을 한 것입니다.

따라서 이와 같이 수사가 미진한 상태에서 신빙성 없는 피고소인들의 진술만을 취신하여 내려진 이 사건 불기소처분이므로 피고소인들의 범죄사실에 대한 재판장님 이하 두 분 판사님께 공소제기 결정을 구하기 위하여 이건 재정신청에 이른 것입니다.

소명자료 및 첨부서류

1. 증 제1호증   불기소처분 이유서

○○○○ 년 ○○ 월 ○○ 일

위 고소인(재정신청인) : ○ ○ ○ (인)

수원 고등법원 귀중

(6)재정신청서 - 사기죄 검사가 수사를 다하지 않은 채 잘못된 판단 불기소처분 공소제기
재정신청 최신서식

재 정 신 청 서

사   건 : ○○○○고불항 제○○○○호 사기

재 정 신 청 인(고소인) : ○   ○   ○

피재정신청인(피고소인) : ○   ○   ○

대전 고등법원 귀중

재 정 신 청 서

재정 신청인	①성 명	○ ○ ○	②주민등록번호	생략
	③주 소	청주시 ○○구 ○○로○길 ○○○, ○○○호		
피재정 신청인	④성 명	○ ○ ○	⑤주민등록번호	생략
	⑥주 소	생략		
⑦ 사 건 번 호		청주지방검찰청 ○○○○형제○○○○호 사기 대전고등검찰청 ○○○○고불항 제○○○호 사기		
⑧ 죄 명		사기		
⑨ 처 분 일 자		○○○○ 년 ○○ 월 ○○ 일		

위 고소사건에 대한 청주지방검찰청 ○○○○형제○○○○호 사기죄 피의사건에 대하여 ○○○○. ○○. ○○. 불기소처분 결정이 있었고, 재정신청인 ○○○(이하 앞으로는"고소인"이라고 줄여 쓰겠습니다)은 이에 대해 대전고등검찰청 ○○○○고불항 제○○○○호로 항고하였으나, ○○○○. ○○. ○○. 항고기각결정이 있었습니다.

따라서 고소인은 위 항고기각결정에 대한 통지를 ○○○○. ○○. ○○. 수령하였으므로 형사소송법 제260조에 따라 이래와 같이 재정신청서를 제출합니다.

신 청 취 지

1. 피의자 ○○○에 대한 청주지방검찰청 ○○○○형 제○○○○호 사기죄 피의사건에 대한 공소제기를 결정한다.

   라는 재판을 구합니다.

신 청 이 유

청주지방검찰청 검사 ○○○은 이 사건 범죄사실에 대하여 혐의 없음(증거불충분)의 이유로 불기소처분을 하였습니다.

1. 사건의 개요

    가. 고소인은 ○○○○. ○○. ○○.청주지방검찰청에 고소인이 다니던 청주시 ○○구 ○○로길 ○○, 소재 ○○교회(이하"이 사건 교회"라 하겠습니다)의 목사인 방○○과 전도사인 강○○(이하"피고소인들"이라 합니다)를 사기죄로 고소하였는바, 그 고소사실의 요지는 다음과 같습니다.

    나. 피고소인들은 고소인 소유로 등기되어 있던 부동산이 법원에서 경매되어 고소인이 그 매각대금 중 약 ○,○○○만 원을 배당받아 수령한 사실을 알고 헌금을 빙자하여 이를 취득하기로 공모하여, ○○○○. ○○. ○○.부터 다음날까지 사이에 이 사건 교회에서 고소인에게" 배당받은 돈 전체를 헌금하면 혈통에 저주가 끊어진다. 그렇게 하지 않으면 몇 년 동안 방황하고, 혈통에 저주가 온다. 암 수술 두 번하면 ○,○○○천만 원은 아무것도 아니다. 저주의 혈통을 끊어지게 하는 기회가 그렇게 흔한 줄 아느냐?"라고 거짓말하여, ○○○○. ○○. ○○.피고소인들의 거짓말에 속은 고소인으로부터 헌금 명목으로 ○,○○○천만 원을 교부받아 이를 편취하였습니다.(고소인은 고소장에서 '갈취'라는 표현을 사용하기도 하였으나, 이는 착오로 잘못 기재하였으며, 나중에 검찰청 법에 의한 항고장에는'사기'사건으로 기재하였을 뿐만 아니라, 수사를 담당했던 사법경찰관이나 검사 ○○○ 역시 위 고소사건을'사기'사건으로 파악하여 수사를 진행하였습니다)

다. 고소인의 주장요지

피고소인들도 고소인으로부터 헌금 명목으로 ○,○○○천만 원을 교부받은 사실은 인정하고 있으며, 고소인이 제출한 증거들에 의하면 피고소인들이 비기독교적인 무속종교의 이단교리를 전파하고 있었음이 드러났음에도 불구하고, 이단적인 교리로 고소인을 기망하여 ○,○○○천만 원을 편취한 피고소인들에 대하여 검사 ○○○은 혐의 없음의 불기소처분을 하였습니다.

2. 불기소이유의 요지

가. 검사 ○○○은 ○○○○. ○○. ○○.위 고소사건에 관하여 피고소인들에게 각 혐의 없음의 불기소처분을 하였는데 불기소처분의 이유는 아래와 같습니다.

나. 고소인과 피고소인들의 진술이 판이하게 엇갈리고 있는 이 사건에서, 교회의 목사와 전도사가 돈을 편취하기 위하여 교인인 고소인을 감언이설로 속인다는 것은 이례적일 뿐만 아니라, ○○세의 정상적인 가정주부인 고소인이 교회의 목사와 전도사의 감언이설에 속아 ○,○○○천만 원이나 되는 고액의 헌금을 하였다는 것도 매우 이례적이라는 사정을 감안하면 고소인의 진술만으로는 피고소인들의 편취 범의를 인정하기에 부족하다는데 있습니다.

3. 재정신청이유의 요지

가. 피고소인들의 기망행위

○ 이 사건 교회는 ○○○○. ○○. ○○.피고소인 방○○에 의하여 설립되었는데, 신도 수가 약 ○○명인 소규모 교회였고 신자들의 헌금 입금액도 적었습니다. 한편 고소인은 ○○○○. ○○. ○○.경부터 이 사건 교회에 다니기 시작했습니다.

○ 피고소인 방○○은 설교 잡지인 카리스 월드 ○○○○년도 ○○○ 호에 "① ○○○○. ○○. ○○.삼위일체 하나님이 필자에게 나타나셔서 많은 내용의 시대적 비전과 도시부흥의 비전을 보여주셨다. ② ○○○○년 봄 하나님께서 약속된 기름부음이 임할 때 너를 중심으로 1㎞ 반경 안에서 나(예수님)를 믿지만 병든 자들은 치료받게 될 것이라고 말씀하셨다. ③ ○○○○. ○○. ○○. ○○기도원 대중 집회 시 강력한 동시다발적 신유기적(神愈奇蹟, 병이 치유되는 기적을 의미)이 일어나기 시작했다. ④ 하나님께서 세우신 교회의 영적권위에 순복하지 않고는 결코 하나님과 화목할 수 없다"는 내용의 기고문을 실었습니다.

○ 고소인은 ○○○○. ○○. ○○.고소인 소유로 등기되어 있던 부동산에 대한 법원 경락대금 중 약 ○,○○○만 원을 수령하였으나, 이와 관련된 민사적 분쟁 및 세금 문제가 해결되지 않고 있었으며, 금융기관 대출금 등을 연체하여 은행연합회 신용불량자로 등록되어 있었습니다.

○ 고소인은 같은 날 위 돈을 가지고 이 사건 교회에 가서 ○○○(목사의 방)에서 피고소인 방○○을 만나 위 돈의 처리에 관하여 상의를 하였는데, 피고소인 방○○은 "하루 반 편안히 금식하라"고 말했습니다.

○ 고소인은 같은 날 위 돈을 일단 전도사인 피고소인 강○○에게 맡겼다가, 다음날인 ○○○○. ○○. ○○.위 돈을 돌려받았으며, 그 직후 그 중 ○,○○○만 원을 이 사건 교회에 헌금하였습니다.

나. 피고소인들의 편취

○ 고소인은 헌금을 하지 않으면 저주가 온다는 피고소인들의 거짓말에 속아서 금원을 편취 당했습니다.

○ 고소인은 피고소인들이 고소인에게 종교를 빙자하여 헌금을 하지 않으면 저주가 내릴 듯이 거짓말하여 이에 속은 고소인이 위 ○,

○○○천만 원을 헌금한 것입니다.

다. 불기소처분의 문제점

　(1) 피고소인들이 운영하던 이 사건 교회는 신도 수 ○○명의 소규모 교회로서 신자들의 헌금 입금액도 적어서 재정형편이 어려웠을 것으로 보이는 점을 감안하면, 목사와 전도사가 돈을 편취하기 위하여 교인을 감언이설로 속인다는 것이 이례적이라는 이유만으로 피고소인들의 범행 가능성을 바로 배제하기 어렵습니다.

　(2) ○○세의 정상적인 가정주부인 고소인이 교회의 목사와 전도사의 감언이설에 속아 ○,○○○천만 원이나 되는 고액의 헌금을 하였다는 것 역시 이례적이기는 하나, ① 피고소인 방○○은 이 사건 이전부터 하나님이 자신에게 나타나서 직접 대화를 하였다거나 신유기적이 나타났다고 주장하여 온 점, ② 피고소인 방○○은 고소인에게 금식기도를 권유하였는바, 고소인은 금식기도를 한 후 심신이 탈진되어 위 ○,○○○천만 원을 헌금할 당시에는 이미 사리판단 능력이 상당히 저하된 상태였을 것으로 보이는 점, ③ 고소인은 헌금 당시 금융기관에 대한 채무를 변제하지 못하여 은행연합회 신용불량자로 등록되어 있는 등 도저히 ○,○○○천만 원이나 되는 그 많은 돈을 헌금할 상황이 아니었던 점, ④ 고소인은 ○○○○. ○○. ○○. 피고소인 강○○에게 약 ○,○○○만 원을 맡겼다가 이를 회수한 후, 다시 그 중 ○,○○○천만 원을 헌금하였는바, 고소인에게 처음부터 자발적으로 헌금할 마음이 있었다면 굳이 피고소인 강○○에게 맡겼던 돈을 회수하지는 않았을 것으로 보이는 점 등을 감안하면, 피고소인들이 고소인으로 하여금 금식기도를 하게 하여 사리판단 능력을 저하시킨 후 종교를 빙자한 허황된 설득으로 헌금을 유도했을 가능성이 높습니다.

라. 수사미진

　(1) 검사 ○○○은 이 사건 교회의 신도들이나 신도였던 사람들을 수사하여 피고소인들이 평소에도 고소인이나 다른 신도들에게 헌금

을 하지 않으면 저주가 내릴 것이라는 등의 말을 한 사실이 있는
지의 여부에 관하여 수사를 하였어야 함에도 불구하고, 이에 관한
수사는 전혀 이루어지지 않고 불기처분을 하고 말았습니다.

(2) 고소인은 ○○○○. ○○. ○○.피고소인 강○○로부터 계시가 왔
으니 ○,○○○만 원을 내라는 말을 듣고 피고소인 강○○에게 위
○,○○○만 원을 직접 주었다고 주장하고 있고 이에 반하여 피고
소인들은 고소인이 이 사건 이전부터 위 경매 배당금을 수령하면
헌금을 하겠다고 했다가, 위 경매 배당금을 받게 되자 헌금을 자
발적으로 실천한 것이라고 하면서, 그러한'자발성'주장을 뒷받침하
듯, 헌금은 ○○○○. ○○. ○○.일요일 예배시간에 헌금함에 고
소인이 직접 넣는 방법으로 이루어졌다고 주장하고 있습니다. 고
소인이 ○○○○. ○○. ○○.일요일 예배시간에 헌금한 것인지 그
전에 개별적으로 피고소인 강○○에게 준 것인지 여부는'헌금의
자발성'여부의 판단에서 매우 중요한 사실에 해당됨에도 불구하고
이에 관하여 적극적인 수사가 이루어지지 않았습니다.

(3) 피고소인들은 ○○○○. ○○. ○○.부터 다음날까지의 아시아 공
동네트워크 대집회와 ○○○○. ○○. ○○.부터 다음날까지의 청
소년집회를 할 때 고소인의 헌금 ○,○○○천만 원을 모두 사용하
였다는 취지로 진술할 뿐 그 구체적 사용내역에 관하여는 밝히지
않고 있습니다. 피고소인들이 ○○○○. ○○. ○○.받았다는 헌금
을 바로 당일부터 며칠 사이에 행사비용으로 모두 소비하였다는
것은 납득하기 어렵습니다. 그러한 행사비용은 이미 행사 계획 단
계부터 마련되는 것이 보통이기 때문입니다. 그렇다면 검사 ○○
○은 위 헌금 ○,○○○만 원의 사용내역을 수사하여 밝힘으로써
피고소인들에게 범행 동기가 있었는지의 여부를 규명하기 위한
자료로 사용하였어야 함에도 불구하고, 이에 대한 수사 또한 전혀
이루어지지 않고 불기소처분을 한 것입니다.

마. 소결

따라서 위와 같이 이 사건은 피해액이 크고, 종교를 빙자한 거짓말이 있었다는 고소인의 진술이 매우 구체적이고 피고소인들의 진술은 신빙성이 의심스러운 상태인데도, 검사 ○○○은 수사를 다하지 아니한 채 잘못된 판단으로 인하여 이 사건 불기소처분을 하였습니다.

4. 결론

그러므로 검사 ○○○의 불기소처분은 수사를 다하지 아니한 채 잘못된 판단으로 불기소처분을 하였으므로 피고소인들의 범죄사실에 대한 재판장님 이하 두 분 판사님께 공소제기 결정을 구하기 위하여 이건 재정신청에 이른 것입니다.

소명자료 및 첨부서류

1. 증 제1호증   불기소처분 이유서

○○○○ 년 ○○ 월 ○○ 일

위 고소인(재정신청인) : ○ ○ ○ (인)

대전 고등법원 귀중

재 정 신 청 서

사   건 : ○○○○고불항 제○○○○호 사기

재 정 신 청 인(고소인) : ○   ○   ○

피재정신청인(피고소인) : ○   ○   ○

부산 고등법원 귀중

재 정 신 청 서

재 정 신청인	①성 명	○ ○ ○	②주민등록번호	생략
	③주 소	부산광역시 ○○구 ○○로○길 ○○○, ○○○호		
피재정 신청인	④성 명	○ ○ ○	⑤주민등록번호	생략
	⑥주 소	생략		
⑦ 사 건 번 호		부산지방검찰청 ○○○○형제○○○○호 사기 부산고등검찰청 ○○○○고불항 제○○○호 사기		
⑧ 죄 명		사기		
⑨ 처 분 일 자		○○○○ 년 ○○ 월 ○○ 일		

위 고소사건에 대한 부산지방검찰청 ○○○○형제○○○○호 사기죄 피의사건에 대하여 ○○○○. ○○. ○○. 불기소처분 결정이 있었고, 재정신청인 ○○○(이하 앞으로는"고소인"이라고 줄여 쓰겠습니다)은 이에 대해 부산고등검찰청 ○○○○고불항 제○○○○호로 항고하였으나, ○○○○. ○○. ○○. 항고기각결정이 있었습니다.

따라서 고소인은 위 항고기각결정에 대한 통지를 ○○○○. ○○. ○○. 수령하였으므로 형사소송법 제260조에 따라 이래와 같이 재정신청서를 제출합니다.

신청취지

1. 피의자 ○○○에 대한 부산지방검찰청 ○○○○형 제○○○○호 사기죄 피의사건에 대한 공소제기를 결정한다.

   라는 재판을 구합니다.

신청이유

부산지방검찰청 검사 ○○○은 이 사건 범죄사실에 대하여 혐의 없음(증거불충분)의 이유로 불기소처분을 하였습니다.

1. 사건의 개요

    가. 고소인은 ○○○○. ○○. ○○. 김○○(피고소인, 이하"피고소인"이라 하겠습니다)를 사기죄로 고소하였는데 그 요지는 다음과 같습니다.

        (1) 피고소인은 부산시 남구 ○○로 ○○길 ○○, 소재 부산맨션 ○○○동 ○○○호 고소인의 집에서 ○○○○. ○○. ○○. 고소인으로부터 금원을 차용하더라도 이를 변제할 의사와 능력이 없음에도 불구하고 사업자금이 필요한데 돈을 빌려주면 월 5푼의 이율로 계산하여 원리금을 바로 상환하겠다고 거짓말하여 이에 속은 고소인으로부터 그 즉시 금 ○,○○○만원을 교부받아 이를 편취하고,

        (2) ○○○○. ○○. ○○. 위 같은 방법으로 고소인을 속여 금 ○,○○○만원을 교부받아 이를 편취하고,

        (3) ○○○○. ○○. ○○. 위 같은 방법으로 고소인을 속여 금 ○,○○○만원을 교부받아 이를 편취하고,

        (4) ○○○○. ○○. ○○.사실은 고소인으로부터 금원을 차용하더라도 그 자금으로 ○○에서 ○○광산을 개발하고 ○○사업을 하여 이를 변제할 의사와 능력이 없음에도 불구하고 ○○을 ○○하여 판매사업을 하려고 하는데 자금이 부족하니 금 ○,○○○만원을 빌려주면 금 ○,○○○만원과 사업이익의 ○○퍼센트를 지급하고 그간 지급하지 못한 차용금도 모두 지급하겠다고 거짓말하여 이에 속은 고소인으로부터 금 ○,○○○만원을 교부받아 이를 편취하고,

        (5) ○○○○. ○○. ○○.전항과 같은 방법으로 고소인을 속여 금 ○,

○○○만원을 교부받아 이를 편취하고,

(6) ○○○○. ○○. ○○.변제할 의사가 전혀 없음에도 불구하고 고소 인에게 금 ○○만원을 빌려주면 바로 변제하겠다고 거짓말하여 이 에 속은 고소인으로부터 금 ○○만원을 교부받아 이를 편취하고,

(7) ○○○○. ○○. ○○.사실은 ○○에서 ○○를 수입하여 판매사업 을 할 의사가 없음에도 불구하고 고소인에게 ○○에서 ○○를 수 입·판매하는 사업을 하려고 하는데 자금이 부족하니 금 ○,○○○ 만원을 빌려주면 바로 변제하겠다고 거짓말하여 이에 속은 고소 인으로부터 금 ○,○○○만원을 교부받아 이를 편취하고,

(8) ○○○○. ○○. ○○.전항과 같은 방법으로 고소인을 속여 금 ○, ○○○만원을 교부받아 이를 편취하고,

(9) ○○○○. ○○. ○○. 부산시 ○○구 소재 부산은행 ○○지점에서 사실은 고소인의 처 임○○ 소유의 부산시 남구 ○○로길 ○○. ○○아파트 ○○○동 ○○○○호를 담보로 위 부산은행으로부터 금 ○,○○○만원을 대출받더라도 대출금을 변제할 의사와 능력이 없음에도 불구하고 고소인에게 위 아파트를 담보로 위 은행으로 부터 금 ○,○○○만원을 대출받아 빌려주면 바로 변제하겠다고 거짓말하여 이에 속은 고소인으로부터 금 ○,○○○원을 교부받아 이를 편취하고,

(10) 전항과 같은 일시 장소에서 변제할 의사가 없음에도 불구하고 고소인에게 금 ○○○만원을 빌려주면 바로 변제하겠다고 거짓말 하여 이에 속은 고소인으로부터 금 ○○○만원을 교부받아 이를 편취하였습니다.

나. 검사 ○○○은 ○○○○. ○○. ○○.참고인중지의 불기소처분을 하였 습니다. 이에 고소인은 항고하였으나 ○○○○. ○○. ○○.부산고등검 찰청에서 항고기각의 결정을 받고 불복하여 재정신청을 하였습니다.

2. 불기소처분이유의 요지

검사 ○○○은 위 고소사실 중 제1항, 제2항, 제4항, 제7항 내지 제10항 및 제3항 중 피고소인이 고소인으로부터 금 ○,○○○만원을 교부받은 부분만을 피의사실로 확정한 다음 아래와 같은 이유로 불기소처분을 하였습니다.

피고소인은 자기 명의의 약속어음을 고소 외 박○○에게 빌려주었는데 지급기일에 결제를 하지 아니하고 어음금을 대신 결제해 주면 바로 변제하겠다고 하므로 이를 믿고 고소인으로부터 금원을 차용하여 어음결제를 하였다. 그런데 피고소인은 박○○으로부터 어음금을 지급받지 못하여 고소인에게 차용금 변제를 못한 것이지 변제할 의사 없이 금원을 교부받은 것은 아니라고 변명하면서 박○○의 진술을 들어보면 사실을 알 수 있다고 주장한다.

따라서 피고소인의 변명은 박○○의 진술이 있어야 그 진상을 밝힐 수 있는데 현재 소재불명이므로 참고인중지 함이 상당하다는 이유입니다.

3. 재정신청이유

가. 고소사실 제1항·제2항에 관하여

피고소인은 위 각 금원을 교부받은 사실을 대체로 시인하면서 그 경위에 관하여 고소 외 박○○이 피고소인의 어음을 빌려 사용하고 지급기일이 다가오자 피고소인에게 어음금을 대신 입금해 주면 바로 변제하겠다고 하기에 고소인으로부터 금원을 차용하여 입금한 것인데 위 박○○이 피고소인에게 변제하지 아니하는 바람에 고소인에게 변제하지 못한 것이지 차용금 명목으로 금원을 편취하기 위해 고소인을 속인 것은 아니라고 변명하고 있습니다.

따라서 위 박○○의 진술을 듣기 전에는 사실여부를 확인하기 어렵고 현재 소재불명이므로 검사 ○○○이 한 참고인중지 결정하였습니다.

나. 고소사실 제3항에 관하여

피고소인은 고소인으로부터 금 ○,○○○만원이 아닌 금 ○,○○○만원을 차용하였는데, 그 경위는 박○○으로부터 조만간 변제하겠다면서 어음금을 대신 결제해 달라는 부탁을 받고 고소인으로부터 금원을 차용하여 지급하였으나 박○○이 어음금을 변제하지 아니하여 고소인에게 변제를 하지 못한 것이라고 변명하면서 다만 고소인이 부산시 ○○구 ○○로 ○○, 소재 토지매입을 위해 금 ○,○○○만원을 투자한 사실이 있는데 이는 차용금은 아니지만 고소인이 반환을 요구한다면 반환할 용의가 있다는 취지로 진술하고 있습니다.

위와 같이 교부된 금액 및 그 경위에 관하여 고소인과 피고소인의 주장이 서로 다르다면 검사 ○○○으로서는 그 부분에 관하여 고소인과 피고소인을 대질 조사하는 등의 방법으로 교부된 금액 및 그에 대한 경위를 조사한 다음 범죄혐의 유무를 판단하였어야 합니다.

그럼에도 불구하고 검사 ○○○은 막연히 피고소인이 시인하는 금 ○,○○○만원 차용부분만을 고소사실로 확정하고 참고인중지결정을 하고 말았습니다.

따라서 검사 ○○○은 고소인이 주장하는 금 ○,○○○만원의 편취여부에 관한 수사를 다하지 아니 하였을 뿐만 아니라 금 ○,○○○만원 중 금 ○,○○○만원을 제외한 나머지 부분에 대한 판단을 유탈하였다고 볼 수밖에 없습니다.

다. 고소사실 제4항에 관하여

피고소인은 금원을 교부받은 사실은 시인하면서도 그 경위에 관하여는 차용금 명목으로 받은 것이 아니라 ○○에 있는 ○○을 위한 동업투자 금으로 받은 것이고 고소인에게 이를 반환하지 못한 것은 ○○과 ○○에 관한 동업계약을 체결하였는데 예상보다 ○○량이 적어 사업에 실패한 때문이라고 변명하고 있습니다.

금원의 교부경위에 관하여 고소인은 대차관계를 내세운 사기인데 피고소인은 동업투자라고 주장하고 있어 당사자 간의 진술이 서로 엇갈리고 있다면 검사 ○○○으로서는 대질 조사 등을 통하여 그 교부경위를 명확히 하고 ○○에 관여한 자들을 조사하여 어느 쪽의 진술이 신빙성이 있는지를 가려서 범죄혐의 유무를 밝혔어야 합니다.

그럼에도 불구하고 검사 ○○○은 금원의 교부경위 및 ○○에 관여한 자들에 대한 조사도 없이 ○○과는 아무런 관계가 없는 것으로 보이는 박○○이 소재불명이라는 이유로 참고인중지 결정을 하고 말았습니다.

따라서 검사 ○○○은 범죄혐의 유무를 밝히기 위한 수사를 다하지 아니하였거나 증거를 자의적으로 판단한 허물이 있습니다.

라. 고소사실 제5항 및 제6항에 관하여

고소인은 경찰에서의 제2회 고소인진술 및 고소보충 진술서에서 피고소인이 ○○○○. ○○. ○○.고소인으로부터 차용금 명목으로 금 ○,○○○만원을 편취하고, 같은 달 ○○.경 차용금 명목으로 금 ○○만원을 편취하였다고 진술하였습니다.

이 진술은 고소를 한 것으로 보아야 할 것임에도 검사 ○○○은 피의사실에서 위와 같은 내용을 누락하여 아무런 조사도 하지 아니하였으므로 고소한 사실에 대하여 수사를 다하지 아니하였으므로 위법이 있습니다.

마. 고소사실 제7항 내지 제10항에 관하여

피고소인은 위 각 금원을 차용한 사실을 시인하고 금원차용 이유는 이미 발행한 수표금의 입금을 위한 것이거나 ○○에서 ○○를 수입판매하기 위한 자금을 마련하기 위한 것이었다고 진술하면서 ○○을 판매해서 얻은 수익금으로 변제하려 하였으나 사업에 실패하는 바람에 변제하지 못한 것이지 고소인의 금원을 편취하려 한 것은 아니라고 변명하고 있습니다.

그러나 검사 ○○○은 이 부분에 관하여서도 앞에서 고소인이 주장한

바와 같이 피고소인이 과연 ○○을 하였는지 여부에 관해 자세히 조사하지 아니하고 위와 같은 변명과 상관이 없는 박○○의 소재불명을 이유로 참고인중지 결정을 하였으므로 이 부분에 관하여서도 검사 ○○○은 범죄혐의의 유무를 밝히기 위한 수사를 다하지 아니하였거나 증거를 자의적으로 판단한 잘못이 있습니다.

한편 피고소인 소유 부동산에 관한 등기부등본의 기재에 의하면 위 금원차용당시 위 부동산들은 이미 근저당권이 설정되어 있어 재산적 가치가 있는지 의심스럽고 피고소인에게는 별 다른 재산이 없는 것은 스스로도 인정하고 있습니다. 특히 ○○○○. ○○. ○○.이후에는 피고소인이 어음금 결제를 할 금원을 대여한 박○○의 채권자등으로부터 피고소인 소유의 부동산에 가압류가 되어있는 것으로 보아 박○○의 피고소인에 대한 채무변제 가능성에 의문이 있습니다.

더욱이 소인은 자금사정이 좋지 않은 것으로 보임에도 불구하고 고소인으로부터 계속 금원을 차용하고, 나아가서는 자력이 거의 없는 것으로 보이는 고소 외 윤○○과 서로 융통어음을 발행하여 윤○○이 발행한 어음을 지급기일에 결제할 뚜렷한 계획도 없이 이 어음을 담보로 고소인으로부터 금원을 차용하였습니다.

이러한 점들에 비추어 보면 검사 ○○○으로서는 피고소인이 금원차용 당시에 과연 변제할 의사와 능력이 있었는지를 검토할 필요가 있었습니다. 그리고 피고소인이 박○○에게 금원을 빌려주었는지 여부는 피고소인의 진술 외에 기록상 이를 확인할 만한 자료가 없으므로 그 부분도 증거조사를 하여야 함에도 전혀 조사를 하지 않았습니다.

4. 결론

그러므로 검사 ○○○의 불기소처분 중 고소사실 제3항 내지 제10항에 관한 검사 ○○○의 불기소처분은 판단을 유탈하였습니다.

마땅히 조사하여야 할 중요한 사항에 대한 조사를 소홀히 한 채 자의적인 증거판단으로 참고인중지 불기소처분을 하였으므로 피고소인의 범죄사실 대한 재판장님 이하 두 분 판사님께 공소제기 결정을 구하기 위하여 이건 신청에 이른 것입니다.

소명자료 및 첨부서류

1. 증 제1호증   불기소처분 이유서

○○○○ 년 ○○ 월 ○○ 일

위 고소인(재정신청인) : ○ ○ ○ (인)

부산 고등법원 귀중

(8)재정신청서 - 배임죄 등 불기소처분 항고기각되어 불복으로 고등법원에 제기하는 제정신
청 최신서식

재 정 신 청 서

사   건 : ○○○○형제○○○○호 배임 등

피의자(피고소인) :   ○   ○   ○

신청인(고 소 인) :   ○   ○   ○

광주고등법원 귀중

재 정 신 청 서

1.신청인(고 소 인)

성 명	○ ○ ○	주민등록번호	생략
주 소	전라북도 전주시 덕진구 ○○로 ○○-○○호		
전 화	(휴대폰) 010 - 2345 - 0000		
피의자와의 관 계	피의자(피고소인)의 고소인입니다.		

2.피의자(피고소인)

성 명	○ ○ ○	주민등록번호	생략
주 소	전라북도 남원시 ○○로 ○○○호		
전 화	(휴대폰) 010 - 1378 - 0000		
기타사항	신청인과의 관계 - 친·인척관계 없습니다.		

신청인은 피의자에 대한 전주지방검찰청 ○○○○형제○○○○호 배임 피의사건의 항고청인 광주고등검찰청 ○○○검사로부터 항고기각 결정을 통지받고, 이 결정에 불복이므로 형사소송법 제260조에 의하여 재정신청을 합니다.

신 청 취 지

1. 피의자에 대한 전주지방검찰청 ○○○○형제○○○○호 배임 피의사건에 대하여 피의자에 대한 공소제기를 결정한다.

   라는 재판을 구합니다.

신 청 원 인

1. 피의사실의 요지

이 사건의 피의사실의 요지는,

고소 외 ○○○이 고소인에게 갚을 채무 금 200,000,000원의 지급보증을 위하여 피고소인이 공동으로 시공하고 있는 전라북도 전주시 덕진구 ○○로 ○○, 전주아트빌 ○○○호, ○○○호에 대하여 분양계약서를 작성해 주었다.

위 채무가 소멸되지 않았으므로 피고소인은 담보로 제공한 위 전주아트빌 ○○○호, ○○○호를 고소인에게 소유권이전등기함에 협력하여야 할 임무가 있음에도 이 임무에 위배하여 ○○○○. ○○. ○○. 위 전주아트빌 ○○○호, ○○○호를 고소 외 ○○○에게 매매를 원인으로 하여, 소유권이전등기를 경료하여 금 400,000,000원 상당의 재산상의 이익을 취득하면서 고소인에게 동액상당의 재산상 손해를 입게 하였다, 라는 것입니다.

2. 검사의 불기소(참고인중지) 결정이유

원청 검사는 사법경찰관 작성 의견서를 인용하여 불기소(참고인중지) 결정을 하였는데, 사법경찰관 작성 의견서를 요약 정리하면 다음과 같습니다.

- 다　음 -

피의자 ○○○은,

피의자가 ○○건설을 운영하고 있을 때 상피의자 ○○○으로부터 빌라 8채를 대물변제를 받기로 하고 빌라를 신축하는 공사를 하는 중에 고소 외 ○○○이 공사자금을 빌리는데 담보로 줄 분양계약서를 작성하여 달라고

하여 공사자금을 빌려준 고소인에게 차용금에 대한 담보로 ○○○호, ○○○호에 대한 분양계약서를 작성해 주었으나, 분양계약서가 작성된 이후부터 ○○○과 고소인이 공사현장에 나타나지 않았기 때문에, 고소인이 주장하는 돈이 공사대금으로 사용되지 않았다고 변소하면서, 상피의자 ○○○은 이 사건과 상관이 없다고 주장한다,

피의자 ○○○은 고소 외 ○○○이 공사대금을 빌림에 있어 담보로 줄 분양계약서가 필요하다는 말을 동업자인 ○○○로부터 듣고 분양계약서에 날인하여 주었고, 공사와 관련된 채권자들로부터 강제집행을 당하지 않기 위하여 ○○○호, ○○○호를 ○○○에게 명의이전을 해 두었을 뿐이라고 변소 한다,

참고인 ○○○은 고소인에게 차용금에 대한 담보로 피의자들 두 사람이 공동으로 작성한 분양계약서를 고소인에게 주었으나 고소인이 추가로 공사자금을 빌려주지 않아 마무리 공사를 못하였는데, 이 사건은 피의자들과 상관이 없다고 진술한 후 추가조사에 응하지 않은 채 소재 불명되었는데, 동인의 진술을 들어야 피의자들에 대한 범죄 혐의 유무를 판단할 수 있으니, 동인의 소재 발견 시까지 수사를 중지함이 타당하다, 는 판단을 하였다.

3. 수사한 결과 범죄 혐의 인정되었음에 관하여,

가. 채무 담보로 분양계약서를 작성하여 준 경우, 그 채무를 소멸시키지 않은 상태에서 담보물을 처분하면 배임죄의 범죄 혐의를 인정함이 판례입니다.

그러므로 (1) 채무 담보로 분양계약서를 작성하여 준 사실 여부, (2) 채무소멸 여부, (3) 처분행위 유무, 이 세 가지 수사가 되면 범죄 혐의 유무를 가릴 수 있습니다.

그런데 제2항 검사의 불기소(참고인중지) 결정 이유에 기재된 피의자들의 변소를 보면,

첫째, 피의자들 및 참고인 ○○○은 채무를 담보해 주기 위하여 고소인에게 분양계약서를 작성하여 준 사실이 있다고 진술하였고,

둘째, 채무 소멸에 대한 피의자들의 진술이 기재되어 있지 아니하나, 채무가 소멸되지 않았기 때문에 피의자들이 이를 주장하지 않은 것으로 인정할 수 있을 뿐만 아니라, 고소장에 별첨된 분양계약서는 피의자 두 사람이 공동으로 분양계약서를 작성하여 고소인에게 준 사실과 확인서를 살펴보면 채무를 언제까지 변제하겠다는 약정이 기재되어 있어 채무가 소멸되지 않았음이 입증됩니다.

셋째, 담보로 제공된 부동산이 ○○○에게 소유권이전등기 되었음이 등기부등본에 의하여 인정되어, 처분행위가 있었음이 인정됩니다,

그러므로 수사한 결과 범죄 혐의가 인정되었음을 알 수 있습니다.

4. 항고청 검사의 항고기각 결정의 부당함에 관하여,

이 사건은 참고인 ○○○에 대한 추가 조사를 하여야만, 범죄 혐의 유무를 가릴 수 있다는 이유로 참고인중지 결정을 하였습니다.

그런데 제2항 원청 검사 불기소(참고인중지) 이유에 기재된 참고인 ○○○의 진술은 범죄 혐의를 인정하는데 보탬이 되는 진술이 있을 뿐, 범죄 혐의를 인정하는데 방해되는 진술은 전혀 없을 뿐만 아니라, 제3항에서 살펴본 바와 같이 피의자들의 진술과 피의자들이 작성한 별지 첨부한 확인서에 의하여 범죄 혐의가 인정되므로, 참고인 ○○○의 추가 조사는 전혀 필요하지 않았습니다.

따라서 전주지방검찰청 검사 ○○○은 마땅히 기소하였어야 하는데 기소하지 않았고, 위와 같은 사유로 항고된 사건을 담당한 광주고등검찰청 ○○○검사는 마땅히 제기수사를 명령하는 결정을 하였어야 함에도 이와 다른 결정을 하였으니, 전혀 납득할 수 없는 부당한 결정들입니다.

5. 기소함이 마땅함에 관련하여,

피의자들의 범행 일부 자백과 별지 첨부한 확인서, 담보로 받았던 분양계약서 및 등기부등본에 의하여 범죄 혐의가 충분히 인정됩니다.

따라서 검사는 마땅히 기소하였어야 하는데, 법리를 오해하거나 수사기록 내지 항고이유서를 세심하게 살피지 않은 채 기소하지 않았으니, 존경하는 재판장님께서 검사를 대신하여 기소하여 주시기 바라와 이 사건 신청에 이르렀습니다.

소명자료 및 첨부서류

1. 확인서 사본   1통

○○○○ 년 ○○ 월 ○○ 일

위 재정신청인 : 0 0 0   (인)

광주고등법원 귀중

재 정 신 청 서

사 　　　　　　 건 ：　○○○○형제○○○○호　위증

재 정 신 청 인(고소인) ：　○　　　　○　　　　○

피재정신청인(피고소인) ：　○　　　　○　　　　○

광주고등법원 귀중

재정신청서

재 정 신청인	①성 명	○ ○ ○	②주민등록번호	생략
	③주 소	전라남도 목포시 ○○로 ○○○, ○○-○○ (☎ 010 - 3456 - 0000)		
피재정 신청인	④성 명	○ ○ ○	⑤주민등록번호	생략
	⑥주 소	전라남도 해남군 해남읍 ○○로 ○○, ○○호 (☎ 010 - 1256 - 0000)		
⑦ 사 건 번 호		○○○○형제○○○○호 위증 (○○○○고불항○○○○호 위증)		
⑧ 죄 명		위증		
⑨ 처 분 일 자		○○○○ 년 ○○ 월 ○○ 일		

위 사건과 관련하여 재정신청인 ○○○은 광주고등검찰청의 항고결정에 불복하여 형사소송법 제260조에 의하여 재정신청서를 제출합니다.

신청취지

1. 피의자에 대한 광주지방검찰청 해남지청 ○○○○형제○○○○호   위증 피의사건에 대하여 피의자에 대한 공소제기를 결정한다.

   라는 재판을 구합니다.

신청원인

1. 피의사실의 요지

이 사건의 피의사실의 요지는,

피고소인(이하"피의자"라고 하겠습니다)은 광주지방법원 해남지원 제2호 법정에 ○○○○. ○○. ○○. ○○:○○에 증인으로 출석하여 도로공사와 관련하여, ○○○○년도 도로보수 공사는 주식회사 해남토목건설이 처음이고 그 이전에는 공사한 사실이 없고 고소인은 확정하여 도로공사를 한 사실이 없다고 허위진술을 하였습니다.

2. 불기소결정 이유요지

고소인은 피의자의 위증을 입증하는 많은 증거들을 제출하며 엄정하고 공정한 수사를 해줄 것을 간청하였으나, 검사는 검찰조사 단계에서 고소인, 피고소인, 참고인을 소환하여 조사한 내용에 대한 판단만하고 고소인이 제출한 위증의 증거서류로 증인신문조서와 증인 ○○○의 증언내용이 틀리다고 대질조사를 해 달라고 요구하였으나 이에 대한 조사와 판단도 하지 않은 채 사법경찰관이 작성한 의견을 원용하여 불기소처분결정을 하였습니다.

피의자에 대한 위증의 입증자료를 빠짐없이 제출하여 위증혐의 충분히 입증되고 있음에도 광주지방검찰청 해남지청 검사 ○○○은 마땅히 기소하였어야 하는데 기소하지 않았고, 위와 같은 사유로 항고된 사건을 담당한 광주고등검찰청 ○○○검사는 마땅히 제기수사를 명령하는 결정을 하였어야 함에도 이와 다른 결정을 하였으므로 이는 전혀 납득할 수 없는 부당한 결정들입니다.

3. 피의자에 대한 위증

피의자는 도로가 유실되는 사고가 발생하자 공사를 한 고소인에게 그 책임을 떠넘기기 위해 ○○○○. ○○. ○○. ○○:○○ 광주지방법원 해남지원 제2호 법정에 출석하여 공사를 시행한 사실이 없다고 위증을 하였으며, 고소인이 긴급공사를 하였음에도 도로보수를 요청받은 사실이 없다고 위증을 하였으며, 여기에 대한 증거는 고소인이 공사를 한 도급계약서와 마을에서 긴급복구요청으로 긴급 출동하여 복구공사를 하였다는 사실에 대하여 증인 ○○○의 증언이 피의자의 증언과 대조적으로 다른 것은 피의자가 위증한 것으로 증인신문조서에서 충분히 피의자의 위증혐의 인정되고 있습니다.

4. 검찰의 수사미진

광주지방검찰청 해남지청 ○○○검사는 위와 같이 고소인이 제출한 증인신문사항과 증인 ○○○의 증언내용과 도급계약서 등을 면밀히 살펴보고 조사하였더라면 피의자의 위증혐의 충분히 입증되었을 것임에도 조사를 하지 않아 피의자가 위증한 증거가 진술에 부합하는 객관적인 증거라고 판단하는 잘못을 범하였던 것입니다.

법정에 출석한 다른 증인의 증언내용과 피의자의 위증이 서로 부합하지 않는다면 대질조사를 해서라도 위증의 사실관계를 명확히 가렸어야 함에도 불구하고 검사는 조사자체를 하지 않았기 때문에 피의자의 위증을 객관적인 증거로 채택하여 불기소처분을 한 것은 위법한 처분입니다.

5. 불기소처분 이유의 부당성에 대하여

검사가 작성한 피의사실과 불기소이유는 사법경찰관이 작성한 의견서에 기재된 내용과 같다고 판단하였고, 경찰이 작성한 수사보고 제6항 수사결과 및 의견은 경찰에서 고소인은 피의자의 변명에 대한 반박자료를 제출해 달라는 요청에, 반박자료는 제출하지 않고 재판기록을 검토하면 다 아는 내용을 왜 요구하는지 의도를 모르겠다고 한 후, 현장 확인을 해주면 반박자료를 제출하겠다고 하여 고소인의 요구를 들어줬지만, 고소인은 끝내 반박자료는 제출하지 않고 엄정하고 철저하게 수사해 달라는 요구만 되풀이 하였으므로 피의자의 진술이 허위의 증언이라고 보여 지지 않는다는 내용의 의견을 검찰에 제출하였고, 검찰에서는 고소인과 피의자를 불러 조사까지 마친 사실이 있음에도 이에 대한 아무런 의견 없이 마치 경찰의 의견이 전부인 것처럼 이 사건 불기소처분을 하였으므로 검사의 위와 같은 판단은 수사미진 내지는 위법한 판단에 해당된다 할 것입니다.

그러나 고소인은 경찰수사 과정에서 위증과 관련된 재판 서류도 없이 일방적으로 피의자의 편만 들어 고소인에게 부담만 주는 행위로 일관하는 수사를 진행하여 엄정한 수사를 요구하게 되었던 것일 뿐이며, 검찰 조사 과정에서 고소인은 위증 관련된 많은 증거들을 제출하였음에도 이에 대한 판단조차 하지 않은 채 이 사건에 대하여 불기소처분을 하였던 것입니다.

그렇다면 검사는 고소인이 검찰조사 과정에서 많은 증거서류들을 첨부하여 의견서를 제출(수사목록)하였음에도 이에 대한 어떠한 판단도 한 사실이 없었으므로 검사의 이 사건 불기소처분은 매우 부당하다 할 것입니다.

6. 결론

그렇다면 감사의 불기소이유의 요지는 증거 불충분 등의 이유로서 피의사실에 대한 증거가 없다는 것인 바, 본건 고소사실 및 증인신문조서 및 증인 ○○○의 증언내용이 상충되어 비교 검토해 보더라도 위증의 증거는 충분하며 그 증명 또한 명백함에도 불구하고 증거가 불충분하다는 이유로 불기소 처분한 것은 부당합니다.

존경하는 재판장님께서 검사를 대신하여 기소해 주시기 바라와 이 사건 재정신청에 이르렀습니다.

소명자료 및 첨부서류

1. 증인신문조서   1통
2. 의견서   1통

○○○○ 년 ○○ 월 ○○ 일

위 재정신청인 : ○ ○ ○   (인)

광주고등법원 귀중

(10)재정신청서 - 폭행죄 고소 불기소처분 항고기각 불복으로 고등법원에 제기하는 재정신청 최신서식

재 정 신 청 서

사   건 :   ○○○○형제○○○○호 폭행

재 정 신 청 인(고소인) :   ○   ○   ○

피재정신청인(피고소인) :   ○   ○   ○

광주고등법원 귀중

재 정 신 청 서

재 정 신청인	①성 명	○ ○ ○	②주민등록번호	생략
	③주 소	전라남도 여수시 ○○로 ○○○, ○○-○○ (☎ 010 - 3456 - 0000)		
피재정 신청인	④성 명	○ ○ ○	⑤주민등록번호	생략
	⑥주 소	전라남도 순천시 ○○로 ○○, ○○○-○○○ (☎ 010 - 1256 - 0000)		
⑦ 사 건 번 호		○○○○형제○○○○호 폭행 (○○○○고불항○○○○호 폭행)		
⑧ 죄 명		폭행		
⑨ 처 분 일 자		○○○○ 년 ○○ 월 ○○ 일		

위 사건과 관련하여 재정신청인 ○○○은 광주고등검찰청의 항고결정에 불복하여 형사소송법 제260조에 의하여 재정신청서를 제출합니다.

신 청 취 지

1. 피의자에 대한 광주지방검찰청 순천지청 ○○○○형제○○○○호 폭행 피의사건에 대하여 피의자에 대한 공소제기를 결정한다.

   라는 재판을 구합니다.

신 청 원 인

1. 피의사실의 요지

이 사건의 피의사실의 요지는, 재정인신청인(이하"고소인"이라고 줄여 쓰 겠습니다)이 피고소인(이하"피의자"라고 하겠습니다)으로부터 ○○○○. ○○. ○○. 금 ○,○○○만원을 빌렸는데 장사가 잘되지 않아 변제기일에 돈을 갚지 못하자 피의자가 ○○○○. ○○. ○○. ○○:○○경 고소인이 운영하는 식당으로 찾아와 식당에 손님들이 보고 있는데 멱살을 잡고 머 리채를 잡아 밖에로 끌어내 주먹으로 얼굴을 때리고 발로 가슴을 걷어차 는 폭행으로 전치4주간의 치료를 요하는 상해를 입고 고소한 것입니다.

2. 불기소처분의 이유요지

광주지방검찰청 순천지청 검사 ○○○과 이 사건 항고청 광주고등검찰청 ○○○검사는 피의자에 대한 피의사실에 대하여는 모든 증거가 인정되기 는 하나 개전의 정이 현저하므로 불기소처분을 한다는 것입니다.

3. 범죄혐의 인정되었음에 관하여,

피의자는 고소인에게 돈을 빌려주고 이 자금을 꼬박꼬박 받아 갔는데 경 제가 어려워 원금을 일정기간만 유예해 주면 변제하겠다고 했는데도 불구 하고 마구잡이로 고소인의 머리채를 잡아 밖으로 끌어내 주먹으로 얼굴을 때리고 발로차고 이리 저리로 끌고 다니면서 폭력을 행사하여 고소인으로 서는 전치 4주의 치료를 요하는 상해를 입었음에도 불구하고 돈을 빌렸다 는 사실도 있고 채무관계로 다툼이 있었다는 이유로만 현저한 정이 있다 며 광주지방검찰청 순천지청 검사 ○○○은 마땅히 기소하였어야 하는데 기소하지 않았고, 위와 같은 사유로 항고된 사건을 담당한 광주고등검찰청 ○○○검사는 마땅히 제기수사를 명령하는 결정을 하였어야 함에도 이와 다른 결정을 하였으므로 이는 전혀 납득할 수 없는 부당한 결정들입니다.

4. 기소하여야 함에 관련하여,

피의자가 이미 수사 단계에서 범행을 모두 자백하였고, 고소인에 대한 상해진단서에 의하여 범죄혐의가 충분히 인정됩니다,

따라서 검사의 불기소이유에 의하면 돈을 빌리고 갚지 않아 약간의 몸싸움이 있었는데 개전의 정이 현저하다며 불기소처분을 한다는 이유는 한마디로 잘못된 것입니다.

고소인이 돈을 빌리고 장사가 되지 않는 등 사정이 어려워서 이를 갚지 못했다고 해서 폭행을 행사해도 개전의 정이 현저하다고 처벌하지 않는다는 검사의 불기소처분은 법리를 오해한 잘못이 있습니다.

돈은 민사문제입니다.

돈을 갚지 않는다고 사람을 때리고 무력을 행사한 자체는 정당화 될 수 없습니다.

존경하는 재판장님께서 검사를 대신하여 기소하여 주시기 바라와 이 사건 재정신청에 이르렀습니다.

소명자료 및 첨부서류

1. 상해진단서   1통
1. 차용증서   1통

○○○○ 년 ○○ 월 ○○ 일

위 재정신청인 : ○ ○ ○   (인)

광주고등법원 귀중

(11)재정신청서 - 횡령죄 불기소처분 항고기각 고등법원에 공소제기 청구하는 재정신청 최신서식

재 정 신 청 서

사   건 : ○○○○형제○○○○호 횡령

재 정 신 청 인(고소인) :   ○   ○   ○

피재정신청인(피고소인) :   ○   ○   ○

부산고등법원   귀중

재 정 신 청 서

재 정 신청인	①성 명	○ ○ ○	②주민등록번호	생략
	③주 소	부산시 ○○구 ○○로 ○○, ○○○-○○○ (○○아파트) (☎ 010 - 3456 - 0000)		
피재정 신청인	④성 명	○ ○ ○	⑤주민등록번호	생략
	⑥주 소	부산시 ○○구 ○○로 ○○, ○○○-○○○ (☎ 010 - 3412 - 0000)		
⑦ 사 건 번 호		○○○○형제○○○○호 횡령 (○○○○고불항○○○○호 횡령)		
⑧ 죄　　　명		횡령		
⑨ 처 분 일 자		○○○○ 년 ○○ 월 ○○ 일		

　　위 사건과 관련하여 재정신청인 ○○○은 부산고등검찰청의 항고결정에 불복하여 형사소송법 제260조에 의하여 재정신청서를 제출합니다.

신 청 취 지

1. 피의자에 대한 창원지방검찰청 ○○○○형제○○○○호 횡령 피의 사건에 대하여 피의자에 대한 공소제기를 결정한다.

　　라는 재판을 구합니다.

신청원인

1. 피의사실의 요지

이 사건의 피의사실의 요지는,

피의자는 고소 외 주식회사 ○○산업에 대표이사로 근무하면서 이 회사에서 수금한 대금을 자신의 개인예금 통장으로 각 거래처로부터 입금을 받아 이를 관리하면서 개인용도로 사용하여 횡령하였다. 라는 것입니다.

2. 검사의 불기소 결정이유

원청 검사는 사법경찰관 작성 의견서를 인용하여 불기소결정을 하였는데, 사법경찰관 작성 의견서를 요약 정리하면 다음과 같습니다.

- 다 음 -

피의자 ○○○은, 피의자가 주식회사 ○○산업의 대표이사로 근무하면서 회사경영이 어려워 일부 채권자들로부터 압류가 들어오면 근로자들은 물론 공과금도 지급할 수 없다는 생각으로 직접 자신의 개임통장으로 각 거래처로부터 수금된 금액을 ○○○○. ○○. ○○.부터 ○○○○. ○○. ○○.까지 총 64회에 걸쳐 금 ○○○,○○○,○○○원을 입금 받아 모두 회사의 운영비 및 근로자들의 인건비 등으로 회사를 위하여 모두 사용하였고 개인적으로는 사용한 사실이 없다고 변소 한다,

고소인이 제시한 영수증 없이 비과세로 무자료로 거래처로부터 입금 받은 대금에 대해서는 거래처에서 요구하여 회사에 부가가치를 위해 진행하였던 것이나 개인적으로는 사용한 사실이 없다고 주장하였음에도 거래처로부터 진술을 들어야 피의자에 대한 범죄 혐의 유무를 판단할 수 있으나 거래처에 대한 조사를 하지도 않고 판단을 하였습니다.

3. 수사한 결과 범죄 혐의 인정되었음에 관하여,

가, 그러나 횡령죄에서 불법영득의 의사는 자기 또는 제3자의 이익을 꾀할 목적으로 임무에 위배하여 보관하는 타인의 재물을 자기의 소유인 것과 같이 처분을 하는 의사로서(대법원 2005. 8. 19. 선고 2005도3045 판결 등 참조), 피의자가 회사의 자금을 몰래 개인의 통장으로 입금하고 마음대로 사용하였으므로 횡령죄의 범죄혐의를 인정한다는 것이 판례입니다.

그러므로 (1) 무자료로 거래처로부터 직접 개인 통장으로 빼돌린 사실 여부, (2) 자금의 사용 여부, (3) 개인적인 통장의 관리 여부, 이 세 가지 수사가 되면 범죄혐의 유무를 가릴 수 있습니다.

그런데 제2항 검사의 불기소결정이유에 기재된 피의자의 변소를 살펴보면,

첫째, 피의자는 각 거래처로부터 회사가 받을 대금을 피의자개인통장으로 67회에 걸쳐 입금을 받았다는 사실이 있다고 진술하였고,

둘째, 세무자료가 있는 거래대금은 법인의 통장으로 받고 세금자료가 없는 거래대금은 피의자의 개인통장으로 빼돌렸다는 것은 통장을 공개하지 않거나 개인이 몰래 관리하였다면 불법영득의 의사가 인정되고 입증됩니다.

셋째, 회사의 거래대금을 무자료만 골라 자신의 개인통장으로 빼돌린 것은 결국 회사를 위해서 사용하였다고 주장하더라도 회사의 거래대금 전부를 개인통장으로 옮기지 않고 자료가 없는 돈만 피의자의 개인통장으로 입금을 받아 빼돌린 것이므로 범죄 혐의가 인정되었음을 알 수 있습니다.

4. 항고청 검사의 항고기각결정의 부당함

이 사건은 참고인으로 회사의 각 거래처에 대한 추가 조사를 하여야만, 범죄혐의 유무를 가릴 수 있음에도 불구하고 무자료로 피의자의 개인통장으로 직접 송금해 준 거래처를 참고인으로 조사하지 않고 항고기각결정을 하였습니다.

그런데 제2항 원청 검사 불기소이유에 기재된 회사의 거래처에서 피의자의 개인통장에 무자료로 입금한 통자거래내역서만 보더라도 범죄혐의를 인정하는데 보탬이 되고, 범죄혐의를 인정하는데 방해되는 것은 전혀 없을 뿐만 아니라, 제3항에서 살펴본 바와 같이 피의자의 진술에도 범죄혐의가 인정되고 있습니다.

따라서 창원지방검찰청 검사 ○○○은 마땅히 기소하였어야 하는데 기소하지 않았고, 위와 같은 사유로 항고된 사건을 담당한 부산고등검찰청 ○○○검사는 마땅히 제기수사를 명령하는 결정을 하였어야 함에도 이와 다른 결정을 하였으니, 전혀 납득할 수 없는 부당한 결정들입니다.

5. 기소하여야 하는 이유와 관련하여,

피의자의 범행자백과 별지 첨부한 통장거래내역서, 거래처에서 피의자의 개인통장으로 무자료만 골라 송금한 거래대금영수증에 의하여 범죄혐의가 충분히 인정됩니다.

따라서 검사는 마땅히 기소하였어야 하는데, 법리를 오해하거나 수사기록 내지 항고이유서를 세심하게 살피지 않은 채 기소하지 않았습니다.

존경하는 재판장님께서 검사를 대신하여 기소하여 주시기 바라와 이 사건 신청에 이르렀습니다.

소명자료 및 첨부서류

1. 통장거래내역서   1통
2. 거래처입금내역서   1통

○○○○ 년 ○○ 월 ○○ 일

위 재정신청인 : ０ ０ ０　(인)

부산고등법원 귀중

재 정 신 청 서

사　　　　　　　건 : ○○○○고불항 제○○○○호　협박죄

재 정 신 청 인(고소인) : ○　　　○　　　○

피재정신청인(피고소인) : ○　　　○　　　○

광주 고등법원 귀중

재 정 신 청 서

재 정 신청인	①성 명	○ ○ ○	②주민등록번호	생략
	③주 소	광주광역시 ○○구 ○○로○길 ○○○, ○○○호		
피재정 신청인	④성 명	○ ○ ○	⑤주민등록번호	생략
	⑥주 소	생략		
⑦ 사 건 번 호		광주 지방검찰청 ○○○○형제○○○○호 협박 광주 고등검찰청 ○○○○고불항 제○○○○호 협박		
⑧ 죄 명		협박죄		
⑨ 처 분 일 자		○○○○ 년 ○○ 월 ○○ 일		

위 고소사건에 대한 광주지방검찰청 ○○○○형제○○○○호 협박죄 피의 사건에 대하여 ○○○○. ○○. ○○.불기소처분 결정이 있었고, 재정신청인 ○○○(이하 앞으로는"고소인"이라고 줄여 쓰겠습니다)은 이에 대해 광주 고 등검찰청 ○○○○고불항 제○○○○호로 항고하였으나, ○○○○. ○○. ○ ○. 항고기각결정이 있었습니다.

따라서 고소인은 위 항고기각결정에 대한 통지를 ○○○○. ○○. ○○. 수령 하였으므로 형사소송법 제260조에 따라 이래와 같이 재정신청서를 제출합니다.

신 청 취 지

1. 피의자 ○○○에 대한 광주지방검찰청 ○○○○형 제○○○○호 협박죄 피의사건에 대한 공소제기를 결정한다.

   라는 재판을 구합니다.

신청이유

광주지방검찰청 검사 ○○○은 이 사건 범죄사실에 대하여 혐의 없음(증거불충분)의 이유로 불기소처분을 하였습니다.

이하 각 그 당부를 살펴보겠습니다.

1. 범죄사실과 불기소이유

가. 피의자의 범죄사실

피의자는 계모임에서 고소인과 사소한 말다툼이 있었는데 이에 앙심을 품고, <u>아래와 같은 협박을 하였습니다.</u>

○ 피의자는 ○○○○. ○○. ○○.과 같은 ○○.에 카카오 톡 대화방을 통해 고소인에게,

(1) ○○○○. ○○. ○○.“너 신랑 찾아가서 결혼파토내기 전에 아니 이혼당하기 전에 그 입 적당히 놀리고 살아 이년아”,“진짜 친구고 나발이고 눈에 띄지 마라. 니 보이면 죽이고 싶으니까. 멀리서라도 혹시 내 보이면 숨어라. 죽기 싫으면”는 등의 카카오 톡 문자 메세지(이하 앞으로는“카톡”이라고 줄여 쓰겠습니다.)을 보내어 협박하였고,

(2) ○○○○. ○○. ○○.“내 니 신랑 찾아가도 되겠지? 내 낮에 시간 많거든. 가면 쓰고 살았을 낀데 결혼 몇 일전에 파토나게 해주께.”라며 곧 있을 고소인의 결혼을 빌미로 협박하였고,

(3) 같은 날 고소인의 남편을 찾아간다며“일단 내가 가보지 머.”,“아님 신랑 쪽으로 장문의 편지를 축의에 넣던가.”, “방법은 많네. 깝치지 말고 살아라고 경고했는데 무시하고 깝치는거 보이 닌 안되긋다. 내가 하나 몬하나 봐라.”라며 고소인에게 지속적으로 협박하였고,

(4) 같은 날 또다시 "그럼 결혼식장에 가서 다 불어 버리면 너는 죽는다", "장문의 글을 써서 신랑 쪽에 축의해주지, 니인성 개그르지 바닥인거 다아셔야 할텐데", "느그아 잘못될라ㅋ" 하며 뱃속의 아이가 잘못되어 유산이라도 하길 바라는 듯 고소인의 과거지사를 언급하겠다. 등의 카톡을 지속적으로 보내며 협박하였고,

(5) 같은 날 "느그 신랑한테 전화해서 남자친구와 동거도 했고 애 여러 번 뗏다 말해줘? 라며 협박을 하였습니다.

○ 그것도 모자라, 피고소인은 이미 고소인의 배우자의 신상정보를 인터넷을 통하여 알아본 후 고소인의 확인도 되지 않은 허위날조된 과거사를 전달 및 폭로하겠다고 협박하였습니다.

나. 불기소처분의 이유

이 사건에 대한 광주지방검찰청 검사 ○○○의 불기소처분의 요지는 아래와 같습니다.

○ ○○○○. ○○. ○○.경부터 ○○○○. ○○. ○○.경까지 본건 사법경찰관의 의견서 기재 범죄사실에 기재된 내용과 같은 문자를 고소인에게 보내 협박.

○ 피의자가 해당 문자를 보낸 사실은 인정된다.

○ 고소인은 결혼을 앞두고 있는 시점에 피의자로부터 본건과 같은 문자를 수신하여 공포심을 느꼈다고 주장한다.

○ 이에 대하여 피의자는 고소인과 문자로 서로 언쟁을 하던 중에 화가 나서 본건 문자를 고소인에게 보낸 것이지 고소인을 협박할 의사가 없었다고 주장한다.

○ 협박죄에 있어서의 협박이라 함은 일반적으로 보아 사람으로 하여금 공포심을 일으킬 수 있는 정도의 해악을 고지하는 것을 의미하므로 그 주관적 구성요건으로서의 고의는 행위자가 그러한 정도의

해악을 고지한다는 것을 인식, 인용하는 것을 그 내용으로 하고 고지한 해악을 실제로 실현할 의도나 욕구는 필요로 하지 아니한다고 할 것이고, 다만 행위자의 언동이 단순한 감정적인 욕설 내지 일시적 분노의 표시에 불과하여 주위사정에 비추어 가해의 의사가 없음이 객관적으로 명백한 때에는 협박행위 내지 협박의 의사를 인정할 수 없다 할 것이나 위와 같은 의미의 협박행위 내지 협박의사가 있었는지의 여부는 행위의 외형뿐만 아니라 그러한 행위에 이르게 된 경위, 피해자와의 관계 등 주위사항을 종합적으로 고려하여 판단해야 한다는 것이 대법원의 태도이다.

○ 고소인과 피의자가 제출한 카카오 톡 메시지 내용에 의하면 고소인과 피의자가 서로 욕을 하고, 고소인 역시 피의자가 과거에 몸을 팔았다는 등 피의자를 비난하는 내용의 문자를 보낸 사실, 피의자가 고소인의 위와 같은 문자에 대꾸를 하면서 본건 문자를 보낸 사실이 인정된다.

○ 위 인정사실에 의하면 피의자가 고소인과 문자로 서로 싸움을 하는 과정에서 흥분한 나머지 단순한 감정적인 욕설과 일시적 분노를 표시한 것에 불과하고 피의자가 고소인에게 해악을 고지한다는 인식을 갖고 한 행위라고 볼 수 없고 달리 이를 인정할 증거가 없다.

○ 이에 증거불충분하여 혐의 없다는데 있습니다.

2. 불기소처분에 대한 반론

가. 그러나 이 사건 검사 ○○○의 위와 같은 불기소처분은 다음과 같은 이유에서 부당한 것입니다.

(1) 협박죄의 성립 여부,

협박죄에 있어서의 협박이라 함은 사람으로 하여금 공포심을 일으킬 수 있는 정도의 해악을 고지하는 것을 의미하므로 그 주관적 구성요건으로서의 고의는 행위자가 그러한 정도의 해악을 고지한다는 것을 인식, 인용하는 것을 그 내용으로 하고 고지한 해악을 실제로 실현할 의도나 욕구는 필요로 하지 아니하다. 다만 행위자의 언동이 단순한 감정적인 욕설 내지 일시적 분노의 표시에 불과하여 주위사정에 비추어 가해의 의사가 없음이 객관적으로 명백한 때에는 협박행위 내지 협박의 의사를 인정할 수 없으나 위와 같은 의미의 협박행위 내지 협박의사가 있었는지의 여부는 행위의 외형뿐만 아니라 그러한 행위에 이르게 된 경위, 피해자와의 관계 등 주위상황을 종합적으로 고려하여 판단해야 한다(대법원 1991. 5. 10. 선고 90도2102 판결 등 참조).

(2) 법리 오해 내지 증거판단 잘못에 따른 자의적인 검찰권의 행사

검사 ○○○은 ① 피의자가 이 사건 카카오 톡 문자메시지를 보내게 된 경위, ② 이 사건 카카오 톡 문자메시지 전후 피의자와 고소인이 주고받은 문자메시지의 내용 등에 대해서는 수사하지 않습니다.

검사 ○○○은 피의자가 말다툼을 하면서 흥분하여 단순히 일시적 분노를 표시한 것에 불과하다는 판단을 하고 불기소처분을 한 것은 중대한 법리 오해 내지 증거판단 잘못에 따른 자의적인 검찰권의 행사입니다.

(3) 일시적인 분노를 표시한 문자메시지가 아닙니다.

피의자는 고소인에게 아래와 같은 문자메시지를 보냈습니다.

○○○○. ○○. ○○.“결혼파토내기 전에 아니 이혼당하기 전에 그 입 적당히 놀리고 살아”

○○○○. ○○. ○○.“내 느그 신랑 찾아가도 되제? 내 낮에 시간 많거든. 가면 쓰고 살았을 낀데 결혼 몇 일전에 파토나게 해주께.”

같은 날 고소인의 남편을 찾아간다며“일단 내가 가보지 머.”, “아님 신랑 쪽으로 장문의 편지를 축의에 넣던가.”, “방법은 많네. 깝치지 말고 살아라고 경고했는데 무시하고 깝치는거 보이 닌 안되긋다.

같은 날 또다시 "그럼 니결혼식 가믄 되나ㅋ", "장문의 글을 써서 신랑 쪽에 축의해주지, 니인성 개그르지 바닥인거 다아셔야 할텐데", "느그아 잘못될라ㅋ"하며 뱃속의 아이가 잘못되어 유산이라도 하길 바라는 듯

같은 날 "느그 신랑한테 전화해서 니 애 여러 번 뗏다 말해줘? 의사라 전번 찾기 쉽데"

(4) 소결론

피의자는 <u>반복적으로 협박의 문자메시지를 고소인에게 보냈습니다.</u>

존경하는 재판장님 이하 두 분 판사님께서도 피의자가 고소인에게 보낸 카카오 톡 문자메시지 내용을 살펴보시면 아시겠지만 <u>단순히 일시적 분노를 표시한 것에 불과한 내용이 아닙니다.</u>

<u>고소인은 당시 애기를 임신하고 있었기 때문에 극도로 예민한 시기에 고소인의 결혼을 파탄지경으로 몰고 가려는 의도적인 해악의 고지에</u> 대하여 검사 ○○○은 수사 자체를 하지도 않고 피의자가 말다툼을 하면서 흥분하여 단순히 일시적 분노를 표시한 것에 불과하다며 불기소처분을 한 것이므로 부당합니다.

나. 자의적인 판단 및 수사미진

검사 ○○○은 이 사건을 판단하면서 아래와 같이 중대한 법리 오해 내지 증거판단의 잘못이 있습니다.

(1) <u>결혼 파단의 목적을 간과했습니다.</u>

피의자가 고소인에게 보낸 범죄사실과 같은 카카오 톡 문자메시지의 내용은 고소인이 현재 임신 중에 있고 결혼을 앞두고 있는 것으로 주를 이루고 있고,

피의자 또한 고소인이 임신 중에 있음을 암시하고 남편을 상대로 고소인의 부도덕한 성적관계를 폭로하여 고소인의 <u>결혼을 파탄에</u>

이르게 하겠다는 단어를 계속해서 반복해 보냈으며,

검사의 불기소이유에서와 같이 단순한 말다툼이고 분노에 뒤따르는 것이었다면 구태여 피의자가 카카오 톡의 문자메시지 의사를 전달하기 위한 것이라고 한다면 이러한 허위를 선택할 필요성이 없는 점은 정당한 분노의 범위를 크게 벗어난 것입니다.

피의자의 문자메시지 내용은 고소인의 결혼파탄을 암시한 해악의 고지가 분명함에도 불구하고 검사 ○○○은 피의자가 말다툼을 하면서 홍분하여 단순히 일시적 분노를 표시한 것에 불과하다는 추단을 하고 말았습니다.

(2) 수사미진 등

이 사건 카카오톡 문자메시지의 문언 상의 내용은 피의자는 있지도 않은 허위사실을 꾸민 것이고 고소인의 남편에게 찾아가 고소인이 남편과 결혼하기 전 얘기를 지운 사실이 있음을 알리겠다거나 결혼을 파단지경으로 몰아가려는 내용들이 단순한 일시적 분노를 넘어선 것일 뿐 아니라 피의자의 고소인에 대한 해악의 고지는 고소인의 명예 등에 대한 치명적인 해악의 고지에 해당되어 이미 공포심은 유발되고도 남습니다.

다만 피의자의 언동이 단순한 감정적인 욕설 내지 일시적 분노의 표시에 불과하여 주위사정에 비추어 가해의 의사가 없음이 객관적으로 명백한 때에는 협박행위 내지 협박의 의사를 인정할 수 없으나, 피의자의 언동은 단순한 감정적인 욕설 내지 일시적 분노의 표시를 넘어선 것이기 때문에 검사 ○○○은 행위의 외형뿐만 아니라 그러한 행위에 이르게 된 경위, 피해자와의 관계 등 주위 상황을 종합적 판단하였어야 합니다.

(3) 카카오톡 문자메시지 수사미진

문자메이지 내용을 종합하면 다음과 같은 사정에 비추어 객관적으로 가해의 의사 내지 해악의 고지는 인정됩니다.

피의자는 고소인과 같은 모임에서 사소한 말다툼에 대한 앙심을 품고 반복해서 문자메이지를 보내는 등 대립관계에 있었습니다.

① 피의자의 문자메시지 내용이 모두 <u>허위라는 사실</u>도 알고 있었고,

② 고소인은 <u>임신 중</u>에 있다는 사실도 알고 있었고,

③ 피의자는 고소인의 <u>남편이 있는 곳을 알고 있었고</u> 뭘하는 것도 알고 있었고,

④ 피의자가 문자메시지로 고소인의 남편에게 찾아가 <u>허위사실을 알리겠다고 반복적으로 문자메이지를 보냈다는 사실</u>들입니다.

그렇다면 검사는 이 사건 카카오 톡 문자메시지의 외형만을 볼 것이 아니라

(가) 피의자가 그러한 <u>행위에 이르게 된 경위를 철저히 수사</u>하여야 하고,

(나) 행위 전후의 상황 등 주위상황을 종합적으로 고려하여 협박 행위 내지 협박의 의사를 인정할 수 있는지 여부를 판단하여야 함에도 불구하고,

(다) 피의자의 언동이 단순한 감정적인 욕설 내지 일시적 분노의 표시에 불과하여 주위사정에 비추어 가해의 의사가 없음이 객관적으로 명백한 때에는 협박행위 내지 협박의 의사를 인정할 수 없다는 이유로 불기소처분을 한 것은 중대한 법리오해 내지 증거판단 잘못에 따른 자의적인 판단이나 수사미진으로 인한 잘못을 저질렀습니다.

(4) 피의자의 협박 행위에 대한 증거자료를 차례로 살펴보면 다음과 같습니다.

(가) 피의자의 사소한 시비로 고소인과 말다툼을 한 것은 사실이지만 피의자는 이에 대한 앙심을 품고 허위사실을 고소인의 남편에게 찾아가 폭로하겠다는 문자메시지를 반복적으로 보

냈습니다.

검사 ○○○은 피의자에 대한 가해의 의사 내지 그러한 행위에 이르게 된 경위, 피해자와의 관계 등 주위상황을 종합적으로 조사를 하였어야 함에도 필요한 조사를 하지 아니한 잘못이 있습니다.

(나) 피의자의 허위사실은 고소인의 남편에게 피의자가 찾아가 과거 복잡한 남자관계를 있는 것으로 꾸며 폭로하겠다는 해악의 고지는 더군다나 임신 중에 있는 고소인에게는 인신공격과 가정파탄까지 이를 수 있는 치명적인 협박으로 시달렸다고 진술하였음에도 불구하고 검사는 피의자의 문자메시지 내용의 진위 여부는 물론이고 고소인의 임신사실도 또 피의자의 문자메시지 중 고소인의 남편이 있는 위치 등을 자세히 기재되어 있음에도 불구하고 검사 ○○○은 사실관계의 기초가 되는 부분을 조사하여야 함에도 이를 누락하거나 아예 조사를 하지 않은 잘못이 있습니다.

(다) 따라서 고소인과 피의자가 사소한 말다툼으로 일어난 언행이었다면 구태여 임신 중에 있는 고소인에 대한 허위사실을 꾸미고 남편에게 찾아가 폭로하겠다는 문자메시지를 보냈다는 것은 가해의 의사가 있었음이 객관적으로 명백하여 이러한 사실에 비추어 보면 고소인의 진술에 신빙성이 있습니다.

(라) 문자메시지 내용만으로도 피의자의 해악의 고지는 협박행위 내지 협박의 의사를 인정할 수 있을 뿐 아니라 문자메시지 내용에서의 남편이 있는 위치 등을 열거한 것만 보더라도 임신 중에 있는 고소인에게는 이것 보다 더 큰 해악의 고지는 없을 텐데 검사 ○○○은 이 부분에 대한 수사를 하고 피의자에 대한 혐의 인정되어 규명할 수 있다고 보여 집니다.

피의자는 고소인과의 모임에서 사소한 말다툼이 있었다 하더라도 고소인에 대하여 앙심을 품었고 반복해서 문자메시지를 발송하고 고소인의 남편에게 찾아가 있지도 않은 허위사실을 꾸며 남편에게 폭로하겠다고 한 것은 당시 임신 중에 있는 고소인으로서는 허위사실을 고지 받은 남편이 사실관계를 떠나 고소인을 오해할 수도 있겠다는 생각을 갖게 하는 것만으로도 해악의 고지는 충분합니다.

검사 ○○○은 조사를 하지 않은 채 진위 여부를 가리지 못한 상태에서 피의자의 문자메시지는 단순한 감정적인 욕설 내지 일시적 분노의 표시에 불과하여 가해의 의사가 없음을 이유로 불기소처분 한 잘못이 있습니다.

(마) 소결론

검사 ○○○이 피의자가 카카오 톡 문자메시지를 고소인에게 반복해서 보내고 앙심을 품은 것은, 단순한 감정적인 욕설 내지 일시적 분노의 표시에 불과하다는 결정을 하기 위해서는 최소한 문자메시지에 대한 보강수사를 철저히 하고, 주위사정에 비추어 가해의 의사가 없음이 객관적으로 명백한 경우에 해당하나, 문자메시지 내용에는 모두 고소인에 대한 허위사실로 조작하고 꾸며 낸 인신공격과 가정파탄을 시키겠다는 해악의 고지 밖에 없으므로 이는 중대한 법리 오해 내지 증거판단의 오류로 불기소처분을 한 것이므로 부당합니다.

3. 결론

검사 ○○○은 위와 같이 고소인이 제출한 카카오 톡 문자메시지 등에 대한 증거자료에 대하여 수사를 하지 아니한 채 증거판단을 잘못하여 이 사건 불기소처분에 이르렀으므로 증거의 취사선택 및 가치판단 그리고 법률의 적용에 있어 불기소처분의 결정에 영향을 미친 중대한 잘못을 범하고 말았습니다.

그렇다면 이 사건 고소사실에 대한 검사의 <u>불기소처분에는 그 결정에 영</u>
<u>향을 미친 중대한 판단유탈 및 수사미진의 잘못이 있습니다.</u>

이상의 사실에 의하여 피의자의 범죄행위는 충분히 인정된다 할 것임에도
불구하고 <u>검사 ○○○의 피의자에 대한 불기소처분은 그 이유가 없는 것</u>
<u>이므로</u> 피의자에 대한 재판장님 이하 두 분 판사님께 공소제기 결정을 구
하기 위하여 이건 신청에 이른 것입니다.

소명자료 및 첨부서류

1. 증 제1호증   불기소처분 이유서

○○○○ 년 ○○ 월 ○○ 일

위 고소인(재정신청인) : ○ ○ ○ (인)

광주 고등법원 귀중

재 정 신 청 서

사   건 : ○○○○형제○○○○호 업무상배임

재 정 신 청 인(고소인) :   ○   ○   ○

피재정신청인(피고소인) :   ○   ○   ○

수원고등법원 귀중

재정신청서

재 정 신청인	①성 명	○ ○ ○	②주민등록번호	생략
	③주 소	수원시 ○○구 ○○로 ○○, ○○○-○○○ (○○아파트) (☎ 010 - 3456 - 0000)		
피재정 신청인	④성 명	○ ○ ○	⑤주민등록번호	생략
	⑥주 소	용인시 ○○구 ○○로 ○○, ○○○-○○○ (☎ 010 - 3412 - 0000)		
⑦ 사 건 번 호		○○○○형제○○○○호 업무상배임 (○○○○고불항○○○○호 업무상배임)		
⑧ 죄 명		업무상배임		
⑨ 처 분 일 자		○○○○ 년 ○○ 월 ○○ 일		

위 사건과 관련하여 재정신청인 ○○○은 서울고등검찰청의 항고결정에 불복하여 형사소송법 제260조에 의하여 재정신청서를 제출합니다.

신청취지

1. 피의자에 대한 수원지방검찰청 ○○○○형제○○○○호 업무상배임 피의 사건에 대하여 피의자에 대한 공소제기를 결정한다.

라는 재판을 구합니다.

신청원인

1. 피의사실의 요지

이 사건의 피의사실의 요지는,

피의자는 고소 외 주식회사 ○○건설에 대표이사로 근무하면서 이 회사에서 공적 업무수행을 위하여서만 사용이 가능한 법인카드를 개인용도로 계속적, 반복적으로 사용하여 특별한 사정이 없는 한 그 대표이사에게는 임무위배의 인식과 그로 인하여 자신이 이익을 취득하고 주식회사에 손해를 가한다는 인식이 있었다고 볼 수 있으므로, 이러한 행위는 업무상배임죄를 구성한다. 라는 것입니다.

2. 검사의 불기소 결정이유

원청 검사는 사법경찰관 작성 의견서를 인용하여 불기소결정을 하였는데, 사법경찰관 작성 의견서를 요약 정리하면 다음과 같습니다.

- 다 음 -

피의자 ○○○은,

피의자가 주식회사 ○○건설의 대표이사로 근무하면서 법인카드를 발급받아 주식회사의 공적 업무수행을 위하여서만 사용하였다고 변소하여 업무상배임혐의 인정할 수 없다.

고소인이 제시한 법인카드사용내역서 및 영수증에는 주식회사의 공적 업무수행과는 아무런 관련이 없고 피의자가 개인적으로 사용한 것으로 생활비 혹은 화장품구입비를 계속적으로 반복해서 사용한 사실이 있음에도 이 부분을 조사도 하지도 않고 판단을 하였습니다.

3. 범죄혐의 인정에 관하여,

가. 주식회사와 주주는 별개의 법인격을 가진 존재로서 동일인이라 할 수 없고 주식회사의 손해가 항상 주주의 손해와 일치한다고 할 수도 없으므로, 실질적 1인 주주인 임원이 임무위배행위를 하여 재산상 이익을 취득하거나 제3자로 하여금 이를 취득하게 하고 회사에 손해를 가한 경우에도 업무상배임죄의 죄책을 진다.

나. 따라서 주식회사의 임원이 임무에 위배되는 행위로 재산상 이익을 취득하거나 제3자로 하여금 이를 취득하게 하여 주식회사에 손해를 가한 경우, 그 임무위배행위에 대하여 실질적 1인 주주의 양해를 얻었다고 하더라도 업무상배임죄의 성립에는 지장이 없다.(대법원 1983. 12. 13. 선고 83도2330 전원합의체 판결, 대법원 2011. 3. 10. 선고 2008도6335 판결 등 참조).

다. 한편 주식회사의 임원이 공적 업무수행을 위하여서만 사용이 가능한 법인카드를 개인용도로 계속적, 반복적으로 사용한 경우 특별한 사정이 없는 한 그 임원에게는 임무위배의 인식과 그로 인하여 자신이 이익을 취득하고 주식회사에 손해를 가한다는 인식이 있었다고 볼 수 있으므로, 이러한 행위는 업무상배임죄를 구성한다는 것이 판례입니다.

그러므로 (1) 피의자가 법인카드로 사용한 내역, (2) 사용 여부, 이 두 가지만 수사가 되면 범죄혐의 유무를 가릴 수 있습니다.

그런데 제2항 검사의 불기소결정이유에 기재된 피의자의 변소를 살펴보면,

첫째, 피의자는 주식회사의 법인카드로 업무와 관련하여 사용하였고 개인용도로 사용한 사실이 없다고 법인카드사용을 진술하고 있고,

둘째, 피의자의 법인카드 사용내역에 의하면 주식회사의 공적 업무수행과 관련이 없는 개인용도로 계속적, 반복적으로 사용한 사실

이 입증되고 있습니다.

셋째, 따라서 주식회사의 임원이 임무에 위배되는 행위로 재산상 이익을 취득하거나 제3자로 하여금 이를 취득하게 하여 주식회사에 손해를 가한 경우, 그 임무위배행위에 대하여 실질적 1인 주주의 양해를 얻었다고 하더라도 업무상배임죄의 성립에는 지장이 없습니다.

4. 항고청 검사의 항고기각결정부당

이 사건은 피의자가 법인카드를 개인용도로 사용한 사실, 주식회사의 공적 업무수행과 관련이 있는지 카드사용인지 여부를 조사하지 않고 시간만 끌고 있다가 항고기각결정을 하였습니다.

그런데 제2항 원청 검사 불기소이유에 기재된 법인카드 사용내역을 살펴보면 피의자가 개인용도로 사용한 것이 입증되고 있으므로 주식회사의 임원이 공적 업무수행을 위하여서만 사용이 가능한 법인카드를 개인용도로 계속적, 반복적으로 사용한 경우 특별한 사정이 없는 한 그 임원에게는 임무위배의 인식과 그로 인하여 자신이 이익을 취득하고 주식회사에 손해를 가한다는 인식이 있었다고 볼 수 있으므로, 이러한 행위는 업무상배임죄를 구성한다는 것이 판례입니다.

따라서 수원지방검찰청 검사 ○○○은 마땅히 기소하였어야 하는데 기소하지 않았고, 위와 같은 사유로 항고된 사건을 담당한 서울고등검찰청 ○○○검사는 마땅히 제기수사를 명령하는 결정을 하였어야 함에도 이와 다른 결정을 하였으니, 전혀 납득할 수 없는 부당한 결정들입니다.

5. 기소해야 하는 이유에 대하여,

피의자는 주식회사의 법인카드를 자신이 사용한 것을 진술하고 있고 법인카드의 사용내역에 기록된 내역 중 주식회사의 공적 업무수행과 관련이 있는지 없는지만 조사만 하면 피의자에 대한 업무상배임죄의 범죄혐의가 충분히 인정됩니다.

따라서 검사는 피의자가 법인카드를 휴대하고 있었고, 법인카드의 사용내역이 주식회사의 공적 업무수행과 관련여부를 조사하고, 피의자가 개인용도로 계속적, 반복적으로 사용하여 주식회사의 임무위배의 인식과 그로 인하여 자신이 이익을 취득하고 주식회사에 손해를 가한다는 인식이 있었으므로 피의자의 이러한 행위는 업무상배임죄로 마땅히 기소하였어야 하는데, 법리를 오해하거나 수사기록 내지 항고이유서를 세심하게 살피지 않은 채 기소하지 않았습니다.

존경하는 재판장님께서 검사를 대신하여 기소하여 주시기 바라와 이 사건 재정신청에 이르렀습니다.

소명자료 및 첨부서류

1. 법인카드사용내역서   1통

○○○○ 년 ○○ 월 ○○ 일

위 재정신청인 : ○ ○ ○ (인)

수원고등법원 귀중

(14)재정신청서 - 강제집행면탈죄 불기소처분 항고기각 결정 불복 고등법원에 공소제기결정 신청 재정신청서 최신서식

재 정 신 청 서

사 건 번 호 : ○○○○형 제○○○○호 강제집행면탈

신 청 인(고 소 인) : ○   ○   ○

피 고 인(피 의 자) : ○   ○   ○

○○○○ 년 ○○ 월 ○○ 일

위 신청인(고소인) : ○   ○   ○   (인)

수원 고등법원 귀중

재 정 신 청 서

재 정 신청인	①성 명	○ ○ ○	②주민등록번호	생략
	③주 소	수원시 ○○구 ○○로 ○○. ○○○○아파트 ○○동 ○○○호 (휴대전화 010 - 0987 - 0000)		
피재정 신청인	④성 명	○ ○ ○	⑤주민등록번호	생략
	⑥주 소	경기도 화성시 ○○로 ○○. ○○○아파트 ○○○동 ○○○호 (휴대전화 010 - 9211- 0000)		
⑦ 사 건 번 호		수원지방검찰청 ○○○○년 형제○○○○호 수원고등검찰청 ○○○○년 불항 제○○○○호		
⑧ 죄 명		강제집행면탈죄		
⑨ 처 분 일 자		○○○○. ○○. ○○.		

피의자 ○○○에 대한 수원지방검찰청 ○○○○년 형제○○○○호 강제집행면탈죄 고소사건에 관하여 수원지방검찰청 검사 ○○○은 ○○○○. ○○. ○○. 불기소처분을 하였는바, 신청인(고소인)은 이에 불복하여 수원 고등검찰청 ○○○○년 불항 제○○○○호로 항고하였으나, ○○○○. ○○. ○○. 항고기각 결정을 통지받았으므로 이에 불복하여 재정신청을 합니다.

신 청 취 지

1. 피의자 ○○○에 대한 수원지방검찰청 ○○○○년 형제○○○○호 강제집행면탈죄 사건에 대한 공소제기를 결정한다.

   라는 재판을 구합니다.

신청이유

1. 피의자의 범죄사실

가. 피의자는 경기도 화성시 ○○로 ○○길 ○○, 소재 ○○빌딩 ○○층 소재 "○○헬스클럽"을 운영하는 자인바,

나. ○○○○. ○○. ○○. 고소인의 강제집행을 피하기 위해 피의자 소유인 위 헬스클럽과 동 헬스장 각종 운동기구 등을 고소 외 김○○의 명의로 이전하고,

다. ○○○○. ○○ ○○. 고소인의 강제집행을 피하기 위해 피의자 명의의 서울시 ○○구 ○○로 ○○, ○○아파트 ○○○동 ○○○○호 금 5억 원의 전세권을 피의자의 사촌형인 신청 외 최○○의 명의로 변경하여 고소인의 강제집행을 면탈한 것입니다.

2. 불기소처분의 이유

이 사건에 대한 검사 ○○○의 불기소처분요지는 다음과 같습니다.

가. 피의자 진술.

(1) 피의자는 고소인에게 피의자의 위 헬스클럽을 담보로 금 ○○억 원의 대출을 ○년 전에 받은 사실이 있고, 이 사건 발생 약 5개월 전부터 위 대출금에 대한 이자를 내지 못한 사실이 있음은 인정하면서도 고소인이 5개월 정도 이자는 내지 않은 것으로 피의자의 재산에 대하여 강제집행을 할 것이라고는 전혀 생각하지 못하였다고 진술,

(2) 위 헬스클럽의 시가가 20억 원 상당이고, 현재도 월 2천만 원가량의 수익을 내며 피의자가 운영을 하고 있기 때문에 고소인으로부터 받은 대출금과 그 이자를 모두 상환할 것이라고 진술하며, 위

헬스장은 위 김○○가 1년 전부터 그 시설을 하고 운영하던 것으로 피의자의 소유가 아니며, 위 아파트 전세금 역시 피의자가 위 최○○으로 빌린 자금으로 얻었던 것이라 그 담보조로 명의를 이전해 준 것이라며 범행을 부인.

나. 참고인 김○○, 같은 최○○의 진술,

(1) 참고인 김○○는 위 사우나의 헬스장은 자신이 시설한 것으로 그 사용료를 피의자에게 매달 100만 원씩 내고 있다고 진술하고, 참고인 최○○ 역시 피의자가 위 전셋집을 얻을 때 빌려간 4억 원을 갚지 않아 그 담보조로 전세계약서 명의를 최○○을 바꾸었다고 진술.

다. 결론

(1) 피의자가 고소인으로부터 금 ○○억 원을 차용한 사실, 그 차용금으로 고소인이 위 사우나 사업을 시작하였다는 사실에 대하여는 다툼이 없고, 피의자가 위 김○○에게 위 사우나 헬스장을 임대해 준 사실과 피의자가 위 최○○에게 위 사우나 헬스장을 임대해 준 사실과 피의자가 위 최○○에게 위 아파트 전세권 명의를 변경해 준 사실에 관하여는 당사자 간에 다툼이 있으나,

(2) 피의자가 위 헬스장은 임대해 준 것이라는 사실은 참고인 김○○의 진술과 부합하고, 위 아파트 전세계약서를 채권자인 참고인 최○○에게 담보조로 명의변경 해 주었다느 진술은 참고인 최○○이 진술과 부합,

(3) 피의자가 현재까지도 운영하는 위 사우나는 상당한 규모의 시설이고 시가가 20억원 상당이라면 피의자는 고소인의 채권을 상환하고도 남을 정도의 재산을 가지고 있다고 보아야 하고, 그런 이유로 피의자가 고소인의 강제집행을 면탈하였다는 고소인의 진술은 그 신빙성이 떨어지고 달리 피의자의 범행을 인정할 만한 증거 없이 증거불충분으로 불기소(혐의 없음) 의견임.

3. 불기소처분에 대한 반론

그러나 이 사건 검사 ○○○의 위와 같은 불기소처분은 다음과 같은 이유에서 부당한 것입니다.

가. 위 사우나 헬스클럽의 시가가 20억 원이라는 점에 대하여,

    (1) 위 사우나가 화성시내의 중심가에 위치하고 그 규모가 ○○○평가량이 된다고 하지만 그 시설을 한 지가 5년이 넘어 그 시설물이 많이 노후화되었고, 위 사우나와 같은 건물에 입주하였던 "○○극장"의 고객들이 위 사우나 헬스클럽의 주요 고객들이었으나 약 1년 전에 ○○극장이 이전함으로서 위 사우나 헬스클럽은 물론 건물 자체가 한산할 정도로 손님들이 없는 장소로 변하였습니다.

    (2) 이런 이유로 위 건물에 입주한 피의자 뿐 아니라 다른 업종의 영업자들도 장사가 안 되어 다른 곳으로 이주하여 약 6개월 전부터는 위 건물 점포들의 공실이 많이 생겼고, 위 건물은 급격히 슬럼화 되었습니다.

    (3) 때문에 피의자가 위 사우나 헬스클럽을 시설할 때는 20억 원가량이 소요되었는지 몰라도 현재는 그 절반 이하의 가격에도 거래를 할 수 없는 형편으로 그 적정한 시가는 산정하기도 어려운 형편입니다. 그럼에도 불구하고 피의자가 위 사우나의 시가가 20억 상당이라고 주장하는 것은 수사기관을 속이기 위한 방편일 뿐 전혀 사실이 아닌 것입니다.

    그러나 이 사건 담당 검사 ○○○는 피의자의 진술을 그대로 인정하였습니다.

나. 이 사건 헬스장과 전세권 명의변경에 대하여,

    (1) 참고인 김○○는 피의자의 직원인 자입니다.

        ○ 이는 피의자가 위 사우나를 담보로 고소인 은행에서 대출을 받을 당시 제출하였던 서류를 보면 확인이 되는 것입니다.

○ 그런데 고소인으로부터 대출을 받아갈 당시에는 피의자의 직원이었던 자가, 지금은 피의자에게 임대료를 내고 독립적으로 헬스장을 운영하는 사람인 것으로 둔갑한 것은 누가 보아도 의심이 가는 것입니다.

○ 때문에 위 김○○가 진정한 고소인의 세입자라면 그 임대를 받을 당시의 보증금이나 매월 지급하는 임차료를 주고받은 객관적인 자료들이 확인이 되어야 할 것입니다.

○ 하지만 이 사건 수사과정에서는 그런 확인이 전혀 이루어지지 않았습니다.

(2) 참고인 최○○의 위 전세권 변경 역시 믿을 수 없습니다.

○ 최○○이 진정으로 피의자에게 금 4억 원을 빌려주었다면 반드시 그 금융거래자료가 있을 것임에도 그 제출이 없었을 뿐 아니라 이 역시 이 사건 수사기관에서 확인하지도 않았습니다.

(3) 사정이 위와 같음에도 이 사건 담당 검사 ○○○은 참고인들의 진술에만 의존하여 객관적인 자료도 없이 피의자가 혐의가 없는 것으로 판단하였습니다.

다. 피의자가 고소인의 강제집행을 전혀 예상하지 못하였다는 점에 대하여,

(1) 피의자가 고소인의 위 돈에 대한 이자를 내지 않고 2달이 경과한 ○○○○. ○○. 경부터 고소인은 피의자에게 그 이자를 독촉하는 핸드폰 문자메시지와 우편을 보내기 시작하였고, ○○○○. ○○. 경부터는 피의자의 재산에 대하여 민사재판은 물론 강제집행을 할 것이라는 우편물도 3~4차례 발송하였으므로 피의자가 고소인이 강제집행을 할 것이라는 사실을 전혀 몰랐다는 말은 사실이 아닌 것입니다.

(2) 한편, 이와 관련하여 대법원 판례를 보면 "형법 제327조의 강제집행면탈 죄는 위태범으로서 현실적으로 민사소송법에 의한 강제집행 또는

가압류·가처분의 집행을 받을 우려가 있는 객관적인 상태 아래, 즉 채권자가 본안 또는 보전소송을 제기하거나 제기할 태세를 보이고 있는 상태에서 주관적으로 강제집행을 면탈하려는 목적으로 재산을 은닉, 손괴, 허위양도하거나 허위의 채무를 부담하여 채권자를 해할 위험이 있으면 성립하고, 반드시 채권자를 해하는 결과가 야기되거나 행위자가 어떤 이득을 취하여야 범죄가 성립하는 것은 아니다(대법원 2012. 6. 28. 선고 2012도3999 판결)"라고 판시하고 있습니다.

(3) 위 판례에 따르면 이 사건의 경우에 피의자의 범의가 명백하다 할 것입니다.

4. 결론

이상의 사실에 의하여 피의자에 대한 범죄는 충분히 인정된다 할 것인데 검사의 피의자에 대한 불기소처분은 그 이유가 없음으로 피의자 ○○○에 대한 공소제기결정을 구하기 위하여 이건 재정신청에 이른 것입니다.

소명자료 및 첨부서류

1. 불기소처분통지서	1통
2. 불기소처분이유서	1통
3. 항고기각통지서	1통
4. 헬스클럽 현황	1통

○○○○ 년 ○○ 월 ○○ 일

위 신청인(고소인) : ○ ○ ○ (인)

수원 고등법원 귀중

(15)재정신청서 - 위증죄 기억에 반하는 증언 불기소처분 항고기각 불복 공소제기결정 신청
재정신청서 최신서식

재 정 신 청 서

사 건 번 호 : ○○○○형 제○○○○호 위증

신 청 인(고 소 인) : ○   ○   ○

피 고 인(피 의 자) : ○   ○   ○

○○○○ 년 ○○ 월 ○○ 일

위 신청인(고소인) : ○   ○   ○   (인)

부 산 고 등 법 원 귀 중

재 정 신 청 서

1.신청인(고소인)

성 명	○ ○ ○	주민등록번호	생략
주 소	경상남도 ○○시 ○○로○○길 ○○, ○○○호		
직 업	개인사업	사무실 주 소	생략
전 화	(휴대폰) 010 - 7765 - 0000		
사건번호	부산지방검찰청 ○○○○형 제○○○○호 위증사건의 고소인 겸 신청인		

2.피고인(피의자)

성 명	○ ○ ○	주민등록번호	생략
주 소	경상남도 ○○군 ○○읍 ○○로 ○길 ○○, ○○○호		
직 업	무지	사무실 주 소	생략
전 화	(휴대폰) 010 - 9334 - 0000		
사건번호	부산지방검찰청 ○○○○형 제○○○○호 위증사건의 피고인 겸 피의자		

피의자 ○○○에 대한 부산지방검찰청 ○○○○년 형제○○○○호 위증 고소사건에 관하여 부산지방검찰청 검사 ○○○은 ○○○○. ○○. ○○. 불 기소처분을 하였는바, 신청인(고소인)은 이에 불복하여 부산 고등검찰청 ○ ○○○년 불항 제○○○○호로 항고하였으나, ○○○○. ○○. ○○. 항고기 각 결정을 통지받았으므로 이에 불복하여 재정신청을 합니다.

신 청 취 지

1. 피의자 ○○○에 대한 부산지방검찰청 ○○○○년 형제○○○○호 위증 사건에 대한 공소제기를 결정한다.

라는 재판을 구합니다.

신 청 이 유

1. 서언

○ 고소인(이하"신청인"이라 줄여 쓰겠습니다)은 주식회사 ○○○(대표 김 ○○)에서 상무(등기 이사)로 근무하던 ○○○○. ○○. ○○. 경 김○ ○으로부터 회사 설립 등에 공헌한 사실을 인정받아 회사의 주식을 공 로주 형식으로 10,000주(액면가 10,000원)을 받은 사실이 있고, ○○○ ○. ○○. ○○. 경 신청인은 위 회사에서 퇴사를 하였습니다.

○ 당시 비상장주식으로 가치가 크지 않았던 위 주식에 큰 기대를 두었던 것은 아니오나, 그래도 훗날 상장이라도 되면 상당한 가치가 있을 것 으로 기대는 하고 있었습니다.

○ 그 후 위 회사에서 주주총회를 개최한 적이 한 번도 없었기에 별다른 관심 없이 지내던 중 ○○○○. ○○. ○○. 김○○이 위 회사의 주식 을 모두 주식회사 ○○○에 매각하였다는 소문을 듣게 되었습니다.

○ 그런데 신청인은 신청인의 소유로 남아 있는 것으로 알고 있던 신청인 의 주식을 포함한 주식회사 ○○○의 주식 전체를 김○○이 양도하였 다는 사실을 알고는 신청인의 주식을 되찾고자 ○○○○. ○○. ○○ 경 주주권확인 등의 소송을 제기하였으나, 신청인이 전혀 알지도 못하 는"주식양도양수증서"를 김○○이 재판부에 제출하였고, 주식회사 ○○ ○의 경리과장으로 근무하던 피의자가 위 재판에 출석하여 위 주식양

도양수증서를 피의자가 가지고 신청인을 만났을 때, 신청인이 피의자에게 인감도장을 건네주며, 위 주식양도양수증서에 날인하라고 하였다는 사실이 아닌 증언을 하여 결국 신청인이 패소하고 말았습니다.

○ 이에 억울한 신청인은 피의자를 위증으로 고소하게 되었고, 검찰에서 무혐의 결정을 받아 결국 재정신청을 하기에 이르렀습니다.

2. 피의자의 범죄사실

가. 피의자는 ○○○○. ○○. ○○. ○○지방법원 제○○○호 법정에서 위 법원 ○○○○가단○○○○호 주주권확인소송(원고 고소인, 피고 주식회사 ○○○)의 증인으로 출석하여 법률에 따른 선서를 한 다음 증언을 함에 있어, 사실은 고소인이 ○○○○. ○○. 초순경 부산시 ○○구 ○○로 ○○-○○ 소재 커피숍에서 피의자를 만났을 때 고소인이 가지고 있던 주식회사 ○○○의 주식 10,000주에 대하여 액면가로 양도하거나 무상으로 양도한 사실이 없음에도 고소인이 위 주식을 주식회사 ○○○ 대표 김○○에게 무상으로 양도하기로 하였고, 피의자가 만들어 온 허위의 내용인"주식회사 ○○○의 보통주 10,000주를 액면가 10,000원에 양도 양수한다."라는 등의 주식양도양수증서에 고소인의 인감도장을 날인하라고 하였다."라는 등의 피의자의 기억에 반하는 진술로 위증을 한 것입니다.

3. 불기소처분의 이유

이 사건에 대한 검사 ○○○의 불기소처분 요지는 다음과 같습니다.

가. 고소인은 ○○○○. ○○.경 ○○지방법원(○○○○가단○○○○호)에 사건 외 주식회사 ○○○대표 김○○을 상대로 주주권확인소송을 제기하였고, 위 소송의 내용은 이 사건 고소인이 위 회사에 근무하면서 그 회사 주식 10,000주를 공로주로 무상으로 교부 받은 후, ○○○○. ○○.경 그 회사에 퇴사를 하였으나, 위 김○○이 자신(고소인)의 인감도장이 날인된 주식양도양수증서를 위조하여 위 김○○ 앞으로 명

의개서를 하였으므로 위 명의개서는 무효라는 것이고, 이 사건과 관련하여 고소인은 피의자로부터 주식양도양수증서를 받아 본 사실, 그 증서에 인감도장을 날인한 사실, 인감증명서를 건네준 사실 등이 없다는 진술이다.

그럼에도 불구하고, 피의자는 위 법정에 출석하여 위 범죄사실과 같이 기억에 반하는 진술로 위증을 하였다는 것이다.

나. 피의자는 위 법정에 출석하여 선서를 한 후 원고(고소인)대리인, 피고대리인, 판사의 질문에 사실 그대로를 진술하였다고 한다.

다. 고소인이 주장하는 이유 및 근거 등

○ 고소인은 ○○○○. ○○. 말경과 ○○○○. ○○. 초순경 부산시 ○○구 ○○로 소재 커피숍에서 피의자를 만났고 그 때 피의자를 만난 이유는 피의자가 고소인으로부터 고소인이 소유하고 있는 주식회사 ○○○주식을 무상으로 교부한다는 내용의 확인서에 인감 날인을 받고 등기이사를 사임한다는 내용의 사임서에 인감 날인 및 인감증명서를 요청하기 위해서였다고 한다.

○ 그런데 위 확인서의 내용을 거부하고 인감을 날인하지 않은 고소인이 주식양도양수증서에 인감을 날인할 이유가 없다고 주장하며, 위 사임서에 인감을 날인해 준 이유는 고소인이 위 주식회사 ○○○ 이사였기 때문에 그 사임등기를 하려면 인감도장이 날인된 사임서가 등기소에 제출되어야 하기 때문이며 당시 위 사임서와 인감증명서 2통을 피의자에게 건네주었다는 진술이다.

○ 그러면서 위 김○○이 불상의 방법으로 위조한 위 주식양도양수증서를 위와 같이 건네받은 인감증명서 2통 중 1통을 사용하였다는 진술이다.

라. 그러나, 위 주식양도양수증서에 '일만 주(10,000원), 일만 원, 성○○, 김○○,(주민등록번호), (주민등록번호)'이라고 기재된 필체는 피의자 필체로

확인되는 점, 그 증서에 날인된 고소인 인감은 육안으로도 고소인의 인감으로 확인되는 점, 고소인은 사임서에는 인감증명서 1통이 필요함에도 피의자에게 인감증명서 2통을 건네준 사실이 있다고 진술하는 점, 주식회사 ○○○ 다른 임원들도 공로주를 무상으로 교부받았고 퇴사할 때 이에 대하여 반환하였다고 진술하는 점이 확인되고 반면 고소인이 주장하는 것처럼 확인서에 인감 날인을 하지 않았고, 또한 자신이 건네준 인감증명서 2통 중 한 통을 다른 용도로 사용하였다는 진술만으로 피의자가 기억에 반하는 위증을 하였다고 보기 어렵고 달리 범죄사실을 입증할 증거불충분하여 불기소(혐의 없음) 의견임.

4. 불기소처분에 대한 반론

그러나 이 사건 검사 ○○○의 위와 같은 불기소처분은 다음과 같은 이유에서 부당한 것입니다.

가. ○○○○. ○○. 초순경 당시의 상황과 관련하여,

(1) ○○○○. ○○. 말경에 주식회사 ○○○을 그만둔 신청인은 다른 사업을 시작하였습니다. 그런데 당시 신청인이 위 회사의 등기 이사로 등재되어 있었기 때문에 이사 사임 등기와 관련하여 그 업무를 담당하던 경리과장인 피의자가 신청인에게 전화를 하여 신청인을 만나자 하였고, 그 만남에서 피의자는 신청인에게 말도 하지 않았던 확인서 2장(대표이사 인감이 날인되고 2장 사이에 간인이 되어 있음)과 사임서 2장을 만들어 와서는 신청인에게 확인서와 사임서에 날인해 줄 것을 요구하였습니다.

(2) 당시 김○○이나 신청인 간에 신청인의 주식을 반환한다거나 양도한다거나 하는 말이 일체 없었는데 왜 그런 확인서를 만들어왔는지 신청인이 피의자에게 따지자 신청인은 김○○이 그렇게 하라고 하였다는 사실을 신청인에게 알려주었습니다.

(3) 하지만 그 내용이 터무니없이 신청인이 위 공로주를 무상으로 양

도한다는 것이어서 말이 되지 않았기 때문에 부하 직원이었던 피의자에게 신청인이 화를 내었고, 피의자는 말을 얼버무리고 그냥 돌아갔던 것입니다.

(4) 위 민사재판을 진행할 당시 신청인은 위 확인서 2장과 사임서 1장을 신청인이 보관하고 있다는 사실을 정확이 기억하지 못해 몇 번을 찾았으나 찾지 못하다가 민사재판이 다 끝난 ○○○○. ○○.신청인의 사무실에서 우연히 찾아냈습니다.

(5) 위 민사재판 당시에는 잘 기억하지 못하던 부분들이 위 확인서와 사임서를 찾고 나서야 비교적 상세히 기억이 나기 시작하였습니다.

(6) 위와 같이 신청인을 만나 면박만 당하고 확인서 2장과 사임서 2장을 신청인에게 남겨두고 그냥 돌아갔던 피의자가 며칠 후 다시 신청인에게 전화를 하여 이사 사임등기를 하여야 한다면서 사임서와 인감증명 2통을 준비해 달라고 말하며 다시 찾아오기로 하였고 다시 같은 커피숍에서 만난 피의자를 다시 만난 신청인은 사임서에 신청인의 인감도장을 직접 날인하여 인감증명 2통과 같이 피의자에게 건네주었고(당시 신청인은 위 주식양도양수증서를 본 적도 없고, 피의자가 가지고 있지도 않았으며, 그 증서에 날인을 하라거나 그 어떤 목적으로도 신청인의 인감도장을 피의자에 건네 준 적이 없습니다), 서류를 받아간 피의자는 신청인의 이사 사임등기를 법무사사무실에 맡겨 ○○○○. ○○. ○○. 자로 신청인의 이사 사임등기가 이루어진 것입니다.

나. 위 주식양도양수증서에 날인된 신청인의 인감도장에 대하여,

(1) 신청인은 ○○○○. 경 위 공로주를 받는 과정에서 그 업무를 담당하던 경리과장 양○○에게 신청인의 인감도장을 한동안 맡겨두고, 양○○이 업무상 필요한 경우 신청인의 인감도장을 사용하라고 한 적이 있습니다.

(2) 신청인은 항고장에서도 밝혔다시피 그 당시에 김○○이 신청인의 인감도장을 사용하여 위 주식양도양수증서 혹은 백지에 신청인의 인감도장을 신청인 몰래 날인한 것이라고 판단하고 있습니다.

(3) 피의자가 ○○○○. ○○. 초순경에 신청인을 찾아와 보여주었던 위 확인서는 신청인이 신청인의 주식을 무상 양도한다는 내용이고, 위 "주식양도양수증서"의 내용은 신청인이 받지도 않은 1억 원을 받고 신청인의 주식을 김○○에게 양도한다는 내용입니다.

(4) 앞에서 말씀 드린바와 같이 무상양도를 거절하여 피의자가 가지고 온 위 확서에도 날인을 거부하고 무상으로 신청인의 주식을 넘길 수 없다고 했던 신청이 1억 원에 양도함으로 인하여 세금문제가 발생할 수도 있는 위 주식양도양수증서에 날인을 하라고 하였다는 피의자의 이 사건 증언의 내용은 논리적으로나 경험상으로 불합리하고 사실로 인정하기 어려운 허위의 증언입니다.

4. 결론

이상의 사실에 의하여 피의자에 대한 범죄는 충분히 인정된다 할 것인데 검사의 피의자에 대한 불기소처분은 그 이유가 없음으로 피의자 ○○○에 대한 공소제기결정을 구하기 위하여 이건 재정신청에 이른 것입니다.

소명자료 및 첨부서류

1. 불기소처분통지서   1통
2. 불기소처분이유서   1통
3. 항고기각통지서   1통
4. 확인서사본   1통
5. 법인등기사항전부증명서   1통

○○○○ 년 ○○ 월 ○○ 일

위 신청인(고소인) : ○   ○   ○   (인)

부산 고등법원 귀중

(16)재정신청서 - 재물손괴 등 불기소처분 항고기각 결정 불복으로 고등법원에 공소제기결정 신청 재정신청서 최신서식

재 정 신 청 서

사 건 번 호 : ○○○○형 제○○○○호 재물손괴 등

신 청 인(고 소 인) : ○   ○   ○

피 고 인(피 의 자) : ○   ○   ○

○○○○ 년 ○○ 월 ○○ 일

위 신청인(고소인) : ○   ○   ○   (인)

부산 고등법원 귀중

재 정 신 청 서

1.신청인(고소인)

성 명	○ ○ ○	주민등록번호	생략
주 소	경상남도 ○○시 ○○로○○길 ○○, ○○○호		
직 업	농민	사무실 주 소	생략
전 화	(휴대폰) 010 - 1230 - 0000		
사건번호	부산지방검찰청 ○○○○형 제○○○○호 재물손괴 등 사건의 고소인 겸 신청인		

2.피고인(피의자)

성 명	○ ○ ○	주민등록번호	생략
주 소	경상남도 ○○군 ○○읍 ○○로 ○길 ○○, ○○○호		
직 업	무지	사무실 주 소	생략
전 화	(휴대폰) 010 - 9334 - 0000		
사건번호	부산지방검찰청 ○○○○형 제○○○○호 재물손괴 등 사건의 피고인 겸 피의자		

    피의자 ○○○에 대한 부산지방검찰청 ○○○○년 형제○○○○호 재물손괴 등 고소사건에 관하여 부산지방검찰청 검사 ○○○은 ○○○○. ○○. ○○. 불기소처분을 하였는바, 신청인(고소인)은 이에 불복하여 부산 고등검찰청 ○○○○년 불항 제○○○○호로 항고하였으나, ○○○○. ○○. ○○. 항고기각 결정을 통지받았으므로 이에 불복하여 재정신청을 합니다.

신청취지

1. 피의자 ○○○에 대한 부산지방검찰청 ○○○○년 형제○○○○호 재물손
   괴 등 사건에 대한 공소제기를 결정한다.

라는 재판을 구합니다.

신청이유

1. 피의자의 범죄사실

가. 피의자는 경상남도 ○○군 ○○읍 ○○로 ○○, 소재 '○○○○'이라는
   상호로 야생실습장을 운영하는 자인바,

나. ○○○○. ○○. ○○. 위 야생실습장 입구 도로에서 사진을 촬영하는
   고소인에게 달려들어 사실은 피의자의 야생실습장을 사진으로 찍어
   민원을 제기할 의사가 없던 고소인에게 '왜 남의 야생실습장을 사진
   찍느냐', '야 개자식아 맛 좀 볼 래'라고 소리 지르며 고소인이 들고 있
   던 ○○카메라를 빼앗아 카메라 사진파일을 삭제하는 방법으로 재물
   을 손괴한 것입니다.

2. 불기소처분의 이유

이 사건에 대한 검사 ○○○의 불기소처분 요지는 다음과 같습니다.

가. 피의자의 진술

   ○ 피의자는 고소인이 민원을 넣기 위해 피의자 운영 야생실습장의
     사진을 찍은 것이라 생각하고 고소 외 김○○에게 빼앗은 카메라
     에서 야생실습장 사진만 지워달라고 하였는데 김○○가 실수로 사
     진파일 전체를 삭제한 것이라고 진술하며 범행을 부인,

니. 참고인 김○○의 진술

    ○ 참고인은 위사건 당일 피의자가 카메라를 들고 와서는 카메라에 들어있는 피의자의 야생실습장 사진을 없애 달라고 부탁하였으나 참고인이 카메라 조작을 잘못하여 그 카메라에 있던 사진 파일 전체가 날아간 것이고 진술.

다. 결론

    ○ 피의자는 고소인이 위사건 당시 민원을 제기하기 위하여 피의자의 야생실습장 사진을 찍은 것으로 알고 그 카메라 안에 있던 야생실습장 사진을 지우려 하였다는 것은 참고인 김○○의 진술과 부합하고, 피의자가 고소인의 다른 사진 파일을 지울 이유가 없으므로 피의자의 야생실습장 사진을 삭제하는 과정에서 전체 사진이 삭제되었더라도 죄를 범하였다고 볼 수 없고, 야생실습장 사진을 지운 것은 사회상규 상의 정당행위로 판단되므로 피의자의 이 사건 범의를 인정하기 어렵고, 달리 피의사실을 인정할 만한 증거도 없어 증거불충분으로 불기소처분(혐의 없음) 의견임.

3. 불기소처분에 대한 반론

그러나 이 사건 검사 ○○○의 위와 같은 불기소처분은 다음과 같은 이유에서 부당한 것입니다.

가. 이 사건의 배경

    ○ 피의자는 이미 오래전부터 마을 사람들이 사용하는 도로에 장애물을 설치하여 통행을 방해한 사실 등으로 마을주민들로부터 고발을 당하여 그 처벌을 받았고, 법원의 가처분 집행을 당하는 등 마을 주민들에게 난폭한 행위와 야비한 행동을 서슴지 않았던 자입니다.

    ○ 첨부자료의 사진에서 보는 바와 같이 도로 가운데 나무를 심고 바

위를 놓아 마을 주민들의 차량 통행을 방해하더니, 법원에서 위 나무를 제거하는 가처분 집행을 하였음에도 또다시 그 자리에 바위돌이나 세탁물건조대 등을 설치하여 마을 사람들을 괴롭히기도 하였습니다.

○ 이번 사건도 위와 같은 피의자의 고약한 심성에서 비롯된 것으로 법원에서 가처분 집행하여 철거한 나무가 있던 자리에 또 도시 이 사건 바윗돌을 설치한 것입니다.

나. 고소인이 피의자로부터 폭행을 당할 당시의 상황

○ 피의자는 고소인이 이 사건 바윗돌을 카메라로 촬영하자 달려들어 전치 5주 진단의 폭행을 가하고, 그 자리에서 피의자의 카메라를 강제로 빼앗아 갔습니다. 당시 고소인은 피의자의 야생실습장을 뒤로 한 자세에서 바위를 향하여 사진을 찍고 있었기 때문에 피의자의 야생실습장이 사진에 찍힐 수가 없었고, 그 사실은 현장을 목격한 피의자도 잘 알고 있습니다. 그리고 위 바윗돌 부근의 피의자의 야생실습장 부지는 아무런 시설이 없는 공터인 것으로 사진을 찍을 것도 없는 곳입니다.

다. 피의자가 고소인의 카메라를 빼앗아 간 이유

(1) 피의자가 고소인에게 난폭한 폭행을 가하면서 고소인이 휴대하고 있던 카메라를 빼앗아 간 이유는 피의자의 진술과 같이 야생실습장의 민원이 발생할 염려가 있는 사진을 고소인이 찍었기 때문에 그 사진을 지우려고 한 것이 아닙니다. 피의자가 같은 마을에서 오랜 기간 야생실습장을 운영하면서, 마을 주민들과 갈등을 일으켰으나 그 결정적인 원인은 피의자가 마을 사람들이 다니는 통로 길에 피의자가 장애물을 설치하여 원활한 차량의 통행을 방해한 사실 때문입니다. 야생실습장과 관련된 민원 문제는 이 사건의 본질과는 전혀 관계가 없는 것으로 피의자의 변명 거리일 뿐입니다.

(2) 고소인이 피의자가 설치한 바윗돌을 촬영한 이유도 그 바윗돌이 고소인 소유의 토지에 설치된 고소인 야생실습장의 간판을 가리는 것과 피의자가 또 다시 법원의 결정을 무시하고 마을 사람들의 원활한 차량 통행을 방해할 목적으로 법원에서 가처분 집행하여 나무를 없애 버린 그 자리에 바윗돌을 다시 설치한 사실을 확인해 두기 위함이었고, 그 사실은 사진을 찍는 현장을 목격한 피의자도 잘 알고 있기 때문에 고소인에게 전치 5주의 상해를 입혀가면서 난폭하게 고소인의 카메라를 빼앗아 가 사진을 없애 버린 것입니다.

(3) 사실이 위와 같음에도 이 사건 처분 검사 ○○○는 "고소인이 민원을 넣기 위해 피의자 운영 야생실습장의 사진을 찍은 것으로 생각하였다"는 피의자의 변명을 사실 확인 없이 인정해 버렸습니다.

(4) 즉, 피의자는 고소인이 바윗돌 사진으로 마을사람들의 통행을 방해한 사실을 민원 제기할 수도 있음을 알면서 바윗돌 사진을 없애라고 지시한 것인데, 엉뚱하게 야생실습장 관련 민원을 제기하려고 한다는 피의자의 변명을 그대로 인정하는 실수를 범한 것입니다.

(5) 이 사건 검사 ○○○는 "피의자가 다른 사진파일을 지울 이유가 없으므로 피의자 운영 야생실습장 사진을 지울 의사로 김○○에게 삭제를 부탁한 것으로 보이고, 그 과정에서 전체 사진이 삭제되었더라도 삭제의 고의가 있다고 볼 수 없으며..."라고 판단하였습니다.

(6) 설사 피의자가 위 바윗돌 사진 외에 다른 사진을 지울 의사가 없었다고 하더라도 피의자의 자백에 의하면 피의자가 카메라에 내장된 사진파일을 삭제하라고 지시한 것은 사실입니다. 설사 그 사진이 야생실습장 사진이든, 바윗돌 사진이든(혹은 두 가지가 같은 의미이든), 피의자가 지우라고 지시한 것은 피의자가 고소인을 폭행하면서 카메라를 빼앗아 갈 당시 피의자를 목격한 고소인이 찍고 있던 사진입니다.

(7) 피의자가 고소인이 찍고 있던 사진을 야생실습장 사진으로 표현하든 바윗돌 사진이라 표현하든, 피의자가 목격한 고소인이 찍던 사진을 없애라고 지시한 것이지 피의자가 목격하지 않았음은 물론 당시 상황과 전혀 관계없는 야생실습장 민원 제기를 막기 위한 사진을 없애라고 김○○에게 지시하였다는 것은 말이 되지 않을뿐더러 사실도 아닌 것입니다.

때문에 피의자는 피의자가 목격한 고소인이 찍고 있던 사진을 없애라고 지시한 것이고, 그 지시에 따라 김○○가 고소인이 찍고 있던 사진을 삭제하려는 고의는 있었던 것입니다.

(8) 한편, 위 검사 ○○○는 "야생실습장 사진을 지운 것은 사회상규상의 정당행위로 판단되어…."라고 판단하고 있으나, 위와 같은 이유로 이 사건을 정당행위로 판단한다는 것은 전혀 상식에도 맞지 않을 뿐 아니라 전치 5주의 상해를 입히며 카메라를 빼앗아 가서 남의 카메라에 내장되어 있는 사진을 지운 것이 어떻게 사회상규상 정당행위로 판단할 수 있는지 이는 전혀 설득력이 없는 판단이라 아니할 수 없습니다.

4. 결론

이상의 사실에 의하여 피의자에 대한 범죄는 충분히 인정된다 할 것인데 검사의 피의자에 대한 불기소처분은 그 이유가 없음으로 피의자 ○○○에 대한 공소제기결정을 구하기 위하여 이건 재정신청에 이른 것입니다.

소명자료 및 첨부서류

1. 불기소처분통지서   1통
2. 불기소처분이유서   1통
3. 항고기각통지서   1통
4. 삭제한 근거   1통

○○○○ 년 ○○ 월 ○○ 일

위 신청인(고소인) : ○   ○   ○   (인)

부산 고등법원 귀중

(17)재정신청서 - 통신비밀보호법 모욕 정보통신망 명예훼손죄 불기소처분 고등법원 공소
제기 결정 신청 재정신청서

재 정 신 청 서

사 건 번 호 : ○○○○형 제○○○○호   명예훼손죄 등

신 청 인(고 소 인) : ○   ○   ○

피 고 인(피 의 자) : ○   ○   ○

○○○○ 년 ○○ 월 ○○ 일

위 신청인(고소인) : ○   ○   ○   (인)

광주 고등법원 귀중

재 정 신 청 서

재 정 신청인	①성 명	○ ○ ○	②주민등록번호	생략
	③주 소	광주시 ○○구 ○○로 ○○. ○○○○아파트 ○○동 ○○○호 (휴대전화 010 - 2988 - 0000)		
피재정 신청인	④성 명	○ ○ ○	⑤주민등록번호	생략
	⑥주 소	광주시 ○○구 ○○로 ○○. ○○○아파트 ○○○동 ○○○호 (휴대전화 010 - 9899- 0000)		
⑦ 사 건 번 호		광주지방검찰청 ○○○○년 형제○○○○호 광주고등검찰청 ○○○○년 불항 제○○○○호		
⑧ 죄 명		명예훼손죄 등		
⑨ 처 분 일 자		○○○○. ○○. ○○.		

　　피의자 ○○○에 대한 광주지방검찰청 ○○○○년 형제○○○○호 명예훼손죄 등 고소사건에 관하여 광주지방검찰청 검사 ○○○은 ○○○○. ○○. ○○. 불기소처분을 하였던바, 신청인(고소인)은 이에 불복하여 광주 고등검찰청 ○○○○년 불항 제○○○○호로 항고하였으나, ○○○○. ○○. ○○. 항고기각 결정을 통지받았으므로 이에 불복하여 재정신청을 합니다.

신 청 취 지

1. 피의자 ○○○에 대한 광주지방검찰청 ○○○○년 형제○○○○호 명예훼손죄 등 사건에 대한 공소제기를 결정한다.

　　라는 재판을 구합니다.

신청이유

1. 피의자의 범죄사실

가. 통신비밀보호법위반

○ 피의자는 ○○○○. ○○. ○○. ○○:○○경 장소를 알 수 없는 곳에서 고소인이 동아리 후배 ○○○을 험담하는 내용을 공개하려는 목적으로, 고소인과 본건 외 동아리 선배 양○○가 주고받은 카카오 톡 대화캡처 사진을 고소인의 동의 없이 취득한 다음, 그 대화 자료를 피의자의 페이스 북 계정에 전체공개로 개시하여 누설하였습니다.

나. 모욕

○ 피의자가 공개된 SMS 인스타그램(피의자 계정)에 본건 외 동아리 선배 양○○와 고소인이 개인적으로 나눈 대화 캡처사진을 게시하며 비방하는 댓글을 작성하여 동아리 사람들에게 명예를 훼손하고, 모욕하였습니다.

다. 정보통신망 이용촉진 및 정보보호 등에 관한 법률 제70조 제2항 명예훼손죄

○ 피의자는 ○○○○. ○○. ○○. 14:00경 본건 외 동아리 후배 심○○의 페이스 북'흔한 선배의 후배 갈굼! 제가 인스타 안할 줄 아셨나봐요!'라는 게시 글에 고소인을 비방할 목적으로, ① 원래 접부가 일을 다하는데 용케 단체탈퇴 선동하고 집부 시작 전에는 애들 붙잡는 시도조차 안하고 나몰라라 한 덕에, 집부로 남은 애들은 손이 부족하고 놓치는 부분이 있을 수밖에 없었겠죠 ㅎㅎ 새내기 한테 일을 왜 시킵니까. ② 개네 집부되면 어차피 할 일들을…이라고 댓글을 게시하였고, 계속하여 뒤에서만 하는 선동말고, 애들한

테 늘 요구하던 본인이 언제든 설명 가능하다던 제대로 된 피트백 부탁합니다....(생략).. 이라고 정보통신망에 게시하여 공연히 고소인의 명예를 훼손하였습니다.

2. 불기소처분의 이유

이 사건에 대한 검사의 불기소처분 요지는 아래와 같습니다.

가. 통신비밀보호법위반

이 사건 피의사실의 요지 및 불기소이유는 사법경찰관이 작성한 의견서 기재와 같다.

○ 덧붙여 통신비밀보호법위반이 성립하기 위해서는 우편물의 검열 또는 전기통신의 감청을 하거나 공개되지 아니한 타인간의 대화를 녹음 또는 청취하여 알게 된 통신 또는 대화 내용을 공개하거나 누설하여야 하므로 본건과 같이 지인을 통해 그 대화 내용을 전달받은 경우 검열, 감청, 녹음, 청취하게 알게 된 대화 내용을 공개, 누설한 사안에 해당하지 않는다.

○ 범죄 인정되지 아니하여 혐의 없다.

나. 정보통신망 이용촉진 및 정보보호 등에 관한 법률위반(명예훼손), 모욕

이 사건 피의사실의 요지 및 불기소 이유는 사법경찰관이 작성한 의견서 기재와 같다.

○ 덧붙여 고소인이 먼저 녹취록을 공개하여 피의자가 이 사건 발언에 이르게 된 사건 경위 및 기재한 글의 전체 취지를 고려하면 피의자에게 고소인을 비방할 목적이나 모욕할 의도가 있다고 단정하기 어렵고, 그 표현 내용에 비추어 다소 무례한 표현에 해당할 수 있으나 고소인의 인격적 가치를 저하하는 표현에 해당한다고 볼 수 없다.

○ 달리 피의사실을 인정할 증거가 없다.

○ 증거 불충분하여 혐의 없다는데 있습니다.

3. 수사결과 및 의견

가. 고소인은

○ 피의자와 같은 동아리 동기(○○기) 사이로, 피의자가 공개된 SMS 인스타그램(피의자 계정)에 본건 외 동아리 선배 양○○와 고소인이 개인적으로 나눈 대화 캡처사진을 게시하며 비방하는 댓글을 작성하여 동아리 사람들에게 명예를 훼손하고, 모욕하였다며, 피의자에 대한 처벌을 바란다고 진술한다.

나. 피의자는

○ 고소인과 같은 동아리 동기 사이로, 평소 후배들을 대하는 고소인 의 태도에 불만을 갖고 있던 중, 고소인이 먼저 자신의 인스타그램에 본건 외 후배 심○○과의 다툼이 있던 대화녹취록을 공개하였고, 고소인의 잘못된 행동에 대해 사과와 해명을 요구하였으나 고소인의 답변이 없었다는 진술이다.

고소인의 녹취파일 공개 상황을 알고 있던 선배 양○○가 동아리 내 갈등해결을 위해 고소인과 나눈 카카오 톡 대화자료를 피의자 에게 전달하였고, 대화 일방인 양○○의 동의를 받아 공개한 것이 라 진술한다.

피의자는 고소인이 후배 심○○과 다툰 녹취파일을 공개했던 것과 후배들을 괴롭힌 일들에 대한 사과를 통해 동아리 선·후배 간 관계를 개선하기 위한 의도로 작성한 것으로 고소인을 비방하기 위해 작성했던 것은 아니라며 혐의 부인한다.

다. 통신비밀보호법에 대해

○ 고소인은

자신의 동의 없이 제3자인 피의자가 불법으로 취득한 카카오 톡 대화내용을 페이스 북에 공개하였다고 주장한다.

○ 피의자는

대화의 일방인 본건 외 양○○에게 사진파일로 대화캡처 자료를 전달받아 양○○의 동의를 받고 공개한 것이라고 진술한다.

라. 정보통신망 이용촉진 및 정보보호 등에 관한 법률위반(명예훼손)

○ 공연성 및 고소인 특정 여부

피의자는 공개 된 본건 외 심○○의 페이스 북(인스타그램)에 고소인을 지칭하여 본건 게시 글을 작성한 사실을 인정한다.

○ 허위사실의 적시 여부

(가) 고소인의 주장

자신의 후배들을 질타한 것은 동아리 업무처리에 미숙한 후배에게 의견을 낸 것이며, 후배들에게 일을 시키고 탈퇴 선동한다는 것은 허위사실이라 주장하며, 이 사건의 배경이 된 후배 심○○과의 대화캡처자료 및 평소 동아리 단체 대화방의 후배들에 대한 평가가 담긴 대화 캡처자료를 제출하였다.

(나) 피의자의 주장

고소인(○○기)가 동아리 활동 중, 선배 ○○기와 다툼이 있어 22기 후배들의 탈퇴가 있었는데 그 책임을 고소인이 피의자에게 돌린 사실이 있었고, 동기인 고소인은 남은 ○○기 후배들에게 평소 꾸중을 많이 하고'춤이 더럽다'등 막말을 많이 하는 등 후배들의 불만이 많았다며, 특히 고소인이 먼저 후배 심○○과의 대화녹취파일을 인스타그램에'흔한 후배와의 대화'라는 제목으로 공개하여 본건의 게시 글을 작성한 것이라며, 자신이 직접 경험하고 후배들에게 전해들은 내용을 바탕으로 작성한 것으로 사실이라고 주장한다.

피의자가 작성한 글은 다소 자극적인 표현'탈퇴선동','꼰대질'라는 표현이 적시되어 있으나, 피의자가 직접 경험한 것으로 고소인의 평소 후배들에 대한 행동에 대한 평가 또한 참고인의 진술과 심○○의 인스타그램 게시 글의 다른 댓글에서도 일치하는 점으로 보아 허위사실을 작성한 것으로 볼 수 없다.

○ 고의, 비방할 목적

　(가) 고소인의 주장

피의자가 고소인을 비방하기 위한 의도로 자신이 후배 심○○의 잘못된 행동을 지적하며 선배 양○○와 개인적으로 나눈 대화를 피의자의 인스타그램에 공개하고, 심○○의 인스타그램 게시 글에 고소인에 대한 비난성 댓글을 남겨 동아리 사람들에게 조롱거리가 되었다고 주장한다.

　(나) 피의자의 주장

평소 고생하는 후배들을 대하는 고소인의 태도가 잘못되었다고 인식하고 있던 중, 공인으로 고생한 후배를 질타하고 그 대화자료를 인스타그램에 공개하여 후배 심○○을 공개적으로 비난했던 고소인의 행동이 선배로서 잘못된 행동이라는 생각으로, 고소인에게 심○○과의 대화녹취록을 전체 공개한 것에 대한 해명과 사과를 카카오 톡으로 요구하였으나 고소인의 회답이 없었고, 심○○이 자신의 인스타그램에 고소인이 올린 녹취파일에 대한 글을 남겨 동아리 지인들이 이에 대한 댓글을 남기자, 자신도 이에 대한 의견으로 피해자에게 사과와 해명을 요구한 것으로 고소인을 비방하기 위한 의도로 작성한 것이 아니라고 주장한다.

또한 해당 글은 <u>고소인에게 카카오 톡으로 답변이 온 날(글 게시 다음날)자진 삭제 했다고</u> 진술하며 해당 글 삭제 카카오 톡 대화자료를 제출한다.

고소인은 피의자가 개인적인 감정으로 비방목적으로 작성한 것이라 주장하나, 다음과 같은 사정들 ① 피의자가 후배 심○○과의 개인대화를 녹음하여 전체 공개한 것이 본건의 배경이 된 점, ② 평소 피해자가 후배들에게 권위적인 평가를 받고 있던 점, ③ 본건은 피해자가 공개했던 녹취록 당사자인 심○○의 게시 글의 비난의견 댓글이 주를 이룬 점, ④ 피의자가 작성한 글이 피의자의 진술대로 피해자의 행동에 대한 설명을 요구하고 있는 점, ⑤ 피의자가 해당 글을 피해자로부터 회답이 온 즉시 삭제한 점들로 비춰보면,

본건은 고소인의 후배 심○○과의 다툼이 있던 대화자료를 공개하는 잘못된 행동이 발단이 되었던 상황으로 피의자가 다소 과격한 단어 '꼰대', '탈퇴선동'을 사용한 것은 사실이나 고소인에 대한 해명을 받은 즉시 해당 글을 삭제한 점 등으로 보아 고소인 개인을 비방할 의도보다는 동아리 내 선·후배간의 갈등을 해결하기 위한 의견을 게시한 것이라는 피의자의 주장이 사회통념상 더 합리적으로 보여 져 비방할 목적이 있다고 보기 어렵다.

○ 모욕 혐의에 대해

(가) 고소인의 진술

고소인은 다수가 볼 수 있는 동아리 후배 심○○의 인스타그램 게시 글에 자신을 지칭해 '선동, 분탕질, 기타 꼰대짓을 그만하라'는 경멸적인 댓글을 작성하였다며 피의자에 대한 처벌을 원한다고 진술한다.

(나) 피의자의 진술

피의자는 다음과 같은 사정들로 고소인에 대해 잘못된 행동을 하지 말라는 의견을 표현한 것이며 고소인을 경멸하거나 평가를 저하하는 의미로 작성한 것이 아니라고 주장한다.

① 선동 : 고소인이 동아리 활동 중, ○○기 후배들의 탈퇴를 선동하였던 점.

② 분탕질 : 뒤에서 사람을 험담하며 동아리 내 왕따 분위기를 조성하는 등 자신이 그 피해자로 경험했던 점.

③ 꼰대 : 피의자가 평소 후배들에게 인신공격성 발언과 막말을 하며 갈구고 일명 선배의 권위적인 꼰대질을 한 점, 또한 고소인이 후배 심○○과의 대화녹취자료를 공개한 점.

○ 의견

(가) 통신비밀보호법에 대해

본건의 송·수신이 완료된 카카오 톡 대화는 감청에 해당되지 않아 불기소(혐의 없음)

(나) 정보통신망 이용촉진 및 정보보호 등에 관한 법률위반(명예훼손)에 대해 이 사건의 글을 게재한 주요 동기, 목적 등 제반사정 고려하여 고소인에 대한 명예를 훼손한다는 고의가 있다고 보기 어렵고, 비방할 목적도 있다고 보기 어려워 불기소(혐의 없음)의견으로,

(다) 모욕에 대해

게시 글의 표현이 모욕적인 표현에 해당한다고 보기 어려워 불기소(혐의 없음)의견입니다.

4. 불기소처분에 대한 반론

그러나 이 사건 검사 ○○○의 위와 같은 불기소처분은 다음에서 보는 바

와 같이 부당한 것입니다.

가. 첫째는 죄명의 검토입니다.

○ 검사 ○○○은 피의자는 ○○○○. ○○. ○○.16:00경 장소를 알 수 없는 곳에서 고소인이 동아리 후배 심○○을 험담하는 내용을 공개하려는 목적으로, 고소인과 본건 외 동아리 선배 양○○가 주고 받은 카카오 톡 대화캡처 사진을 고소인의 동의 없이 취득한 다음, 그 대화자료를 피의자의 페이스 북 계정에 전체공개로 개시하여 누설하였다는 통신비밀보호법위반 피의사실에 대하여 피의자는 대화의 일방인 본건 외 양○○에게 사진파일로 대화캡처 자료를 전달받아 양○○의 동의만 받고 공개한 것이라고 진술하고 있습니다.

○ 이에 대하여 검사 ○○○은 통신비밀보호법위반이 성립하기 위해서는 우편물의 검열 또는 전기통신의 감청을 하거나 공개되지 아니한 타인간의 대화를 녹음 또는 청취하여 알게 된 통신 또는 대화 내용을 공개하거나 누설하여야 하므로 본건과 같이 지인을 통해 그 대화 내용을 전달받은 경우 검열, 감청, 녹음, 청취하게 알게 된 대화 내용을 공개, 누설한 사안에 해당하지 않는다는 이유로 혐의 없음(범죄인정 안됨)처분을 하였습니다.

○ <u>고소사실을 법률적으로 이유 있게 재구성할 의무는, 법률에 문외한인 고소인이 아니라, 고소인의 입장에 서서 수사하고 피의자에 대한 기소여부의 결정권을 가진 검사가 지는 것입니다.</u>

○ 검사 ○○○은 통신비밀보호법위반과 관련하여 혐의 없음(범죄인정 안됨) 처분을 함에 있어서는 고소인의 고소장이나 사법경찰관이 작성한 사건송치의견서에 기재된 죄명에 국한하여 판단하여서는 아니 됩니다.

<u>피의사실로써 통신비밀보호법위반 이외에 다른 초상권침해, 명예훼손죄 등의 죄가 성립하는지 여부도 아울러 검토하여야 합니다.</u>

○ 검사 ○○○은 피의자가 진술에서 고소인과 본건 외 동아리 선배

양○○가 주고받은 카카오 톡 대화캡처 사진을 고소인 몰래 그 대화자료를 피의자의 페이스 북 계정에 전체공개로 개시하여 누설하였다고 진술하고 있으므로 통신비밀보호법위반죄에 국한하여 혐의 없음(범죄인정 안됨)처분을 할 것이 아니라 다른 죄명의 범죄가 성립하는지 여부도 검토하지 않은 잘못이 있습니다.

○ 검사 ○○○은 최소한 피의자가 고소인과 본건 외 동아리 선배 양○○가 주고받은 카카오 톡 대화캡처 사진을 고소인 몰래 그 대화자료를 피의자의 페이스 북 계정에 전체공개로 개시하여 누설하였다면 고소인과의 대화상대방인 동아리 선배 양○○을 상대로 카카오 톡 대화내용의 사진을 피의자에게 교부한 경위를 조사(넘겨준 사람도 문제가 있고, 넘겨받아 페이스 북에 전체공개로 개시하는 사람도 문제가 있습니다)하고 카카오 톡 대화내용을 제3자인 피의자에게 넘겨준다는 것이 과연 있을 법한 일인지 여부 등을 파헤쳐 어느 쪽의 진술이 참이고, 어느 쪽의 진술이 허위인지의 여부에 관하여 좀 더 심도 있는 수사를 했을 것이고, 그렇게 했다면 위와 같이 피의자의 진술이 핵심적인 사항에서 객관적 사실과 전혀 부합하지 아니하는 사실을 중시하여 사안의 진상을 어렵지 않게 파헤칠 수 있었을 것입니다.

○ 검사 ○○○의 위와 같이 피의자에 대한 통신비밀보호법위반에 대하여 혐의 없음(범죄인정 안됨)처분을 한 것은 그 결정에 영향을 미친 자의적인 판단 내지 중대한 수사미진의 잘못이 있습니다.

나. 둘째는 수사 미진입니다.

○ 피의자가 고소인을 비방하기 위한 의도로 자신이 후배 심○○의 잘못된 행동을 지적하며 선배 양○○와 개인적으로 나눈 대화내용를 피의자의 인스타그램에 공개하고, 심○○의 인스타그램 게시 글에 고소인에 대한 비난성 댓글을 남겨 동아리 사람들에게 공공연하게 퍼뜨리는 바람에 고소인은 치명적인 명예훼손을 당했습니다.

○ 검사 ○○○은 이에 대하여 피의자가 다소 과격한 단어'꼰대', '탈퇴선동'을 사용한 것은 사실이나 고소인에 대한 해명을 받은 즉시 해당 글을 삭제한 점 등으로 보아 고소인 개인을 비방할 의도보다는 동아리 내 선·후배간의 갈등을 해결하기 위한 의견을 게시한 것이라는 피의자의 주장이 사회통념상 더 합리적으로 보여 져 비방할 목적이 있다고 보기 어렵다는 이유로 혐의 없음(증거불충분) 처분을 하였습니다.

○ 고소인 개인을 비방할 의도보다는 동아리 내 선·후배간의 갈등을 해결하기 위한 의견을 목적으로 한 것이었다고는 보여 지지는 않습니다.

  (가) 피의자의 주장과 같이 동아리 내 선·후배간의 갈등을 해결하기 위한 것이었다면 동아리 내 연결통로를 통하여 충분한 의견을 개진할 수 있었음에도 불구하고 동아리 내부 연결통로를 이용하지 않고 구태여 급속도로 전파가능성이 높은 인스타그램을 통하여 의견을 개진하여야 할 이유가 있었는지 또 <u>인스타그램을 선택한 이유가 무엇인지 조사했어야 하는데</u> 검사 ○○○은 이 부분에 대한 조사가 전혀 이루어지지 않았습니다.

  ◎ <u>인스타그램은 비방에 자유롭습니다.</u>

  ◎ 그래서 피의자는 의도적으로 고소인을 비방할 목적으로 인스타그램을 통하여 허위사실을 유포하였습니다.

  ◎ 인스타그램은 해외에 위치해있기도 하고, 개인정보가 없는 일회용 이메일을 통해 PC방 등에서 특정 연예인이나 유명인에게 비하 내용, 사진 등을 게시해서 유포하면 "잡히지 않고 안전하겠지" 라고 믿는 사람이 은근히 많지만 즉, 인스타그램을 타인을 비난하거나 루머를 퍼뜨리는 용도로 쓰이고 있으므로 피의자는 의도적으로 고소인을 비

방할 목적으로 자신의 이름으로 인스타그램의 운영 회사이자 모회사인 페이스 북을 통하여 허위사실 및 명예훼손 글들을 올린 것입니다.

◎ 피의자는 평소에도 고소인과의 좋지 않은 감정을 가지고 있었기 때문에 위와 같은 동아리 선배 양○○과 고소인이 나눈 <u>대화내용을 불법으로 넘겨받아 자신의 페이스 북을 통하여 허위사실을 유포하려는 의도</u>가 있었으면서도 마치 동아리 선·후배간의 갈등을 해소하기 위한 것이라며 그러한 의도를 숨겼던 것이 아니었는지 의심할 여지는 다분히 있음에도 불구하고 검사 ○○○은 이 부분에 대한 조사자체가 이루어지지 않았습니다.

(나) 피의자와 고소인은 같은 동아리(○○기) 동기라면 동기끼리 뭉쳐 후배들을 리드하고 동아리를 잘 이끌어가야 하는 것이 맞는데 피의자는 고소인과의 감정을 품고 같은 동아리의 선·후배들에게 허위사실을 유포하여 고소인의 명예를 훼손하는 자체가 동아리 동기를 떠나 앞뒤 주장의 모순이 있음에도 확인 없이 혐의 없음(증거불충분) 처분을 하였습니다.

결국 검사 ○○○은 <u>근거 없이 추측성 사실인정을 하고</u>, 그에 기해서 나머지 고소인의 주장을 모두 증거불충분으로 본 것입니다.

검사 ○○○이 만약 그가 한 사실인정, 즉 고소인과 피의자가 같은 동아리(○○기) 동기라면 서로 보호하고 협심해서 동아리를 이끌어가야 하는 동기가 헐뜯고 허위사실을 유포하는 것에 의심을 갖고 있었다면 <u>동아리 선배 양○○가 고소인과의 대화내용을 선 듯 넘겨준다는 것이 과연 있을 법한 일인지 여부 등을 파헤쳐</u> 어느 쪽의 진술이 참이고, 어느 쪽의 진술이 허위인지의 여부에 관하여 좀 더 심도 있는 수사를 했을 것이고, 그렇게 했다면 위와 같이 피의자의 진술이 핵심적인 사항에서 객관적 사실과 전혀 부합하지 아니하는 사실을 중시하여 사안의 진상을 어렵지 않게 파헤칠 수 있었을 것입니다.

전파가능성을 판단하는 데 있어서 검사 ○○○은 피의자와 고소인이 사소한 다툼이 있었고, 같은 동아리 동기생이라는 친분을 내세워 전파가능성이 부정되는 것으로 판단하고 있으나 이는 고소인과 피의자가 동기생이라는 친분이 있어 고소인의 명예를 훼손할 만한 이야기를 불특정 또는 다수인에게 전파하지 않을 것이라는 것이므로 피의자에 대한 전파가능성은 어떠한 경우에도 부정될 수 없습니다.

따라서 고소인과 동아리 선배 양○○과의 대화내용을 피의자가 고소인 몰래 양○○으로부터 어떤 경위로 넘겨받아 허위사실을 유포한 것은 동아리 선·후배간의 갈등을 해소하기 위해 고소인의 명예를 훼손할 만한 방식과 정도 및 맥락, 피의자의 의사를 전달하기 위하여 반드시 위와 같은 방법을 선택할 필요성이 없는 점 등을 고려해 볼 때 이는 정당한 비판의 범위를 벗어나 고소인의 부도덕함을 암시함으로써 고소인의 사회적 가치 내지 평가를 저하시키는 허위사실의 적시임에도 불구하고 검사 ○○○은 이러한 조사를 다하지 않고 명예훼손죄 부분을 혐의 없음(증거불충분)처분을 한 잘못을 범하고 말았습니다.

(다) 불특정 다수인이 볼 수 있는 동아리 후배 심○○의 인스타그램 게시 글에 자신을 지칭해'선동, 분탕질, 기타 꼰대짓을 그만하라'는 경멸적인 댓글을 작성한데 대하여 검사 ○○○은 게시 글의 표현이 모욕적인 표현에 해당한다고 보기 어려워 혐의 없음(증거불충분) 처분을 하였습니다.

◎ 사회통념상 욕설은 대체로 모욕으로 인정됩니다. 모욕으로 인정된 표현들(선동, 분탕질, 기타 꼰대짓을 그만하라)

에서도 알 수 있듯이 모욕은 구체적인 시간과 공간을 배경으로 벌어진 사건에 대한 보고가 아니고 증거에 의한 증명도 불가능하기에 사실적시와는 구별됩니다.

◎ 위에서 알 수 있듯이 <u>선동, 분탕질, 기타 꼰대짓을 그만하라는 것은 신체적 특징을 묘사하는 것도 경멸적인 언행의 일부를 이루기 때문에 모욕으로 인정됩니다.</u>

◎ 그러므로 <u>고소인의 인격적 가치에 대한 사회적 평가를 저하시키는 표현임에도</u> 불구하고 검사 ○○○은 피의자의' 선동, 분탕질, 기타 꼰대짓을 그만하라'는 게시 글의 표현이 모욕적인 표현에 해당한다고 보기 어렵다고 판단한 것은 자의적인 판단입니다.

(라) 피의자의 고소인에 대한 '<u>선동, 분탕질, 기타 꼰대짓을 그만하라</u>'는 표현은 <u>고소인이 동아리활동을 나아가 선배의 자격이나 그 역량이 없다는 피의자의 주관적 평가를 뒷받침하고 있으므로 고소인에 대한 사회적 평가를 저하시키기에 충분한</u> 것임에도 불구하고 검사 ○○○은 법리오해로 인한 자의적인 판단으로 혐의 없음(증거불충분)처분을 한 것이므로 부당합니다.

4. 결론

이상의 사실에 의하여 피의자에 대한 범죄행위는 충분히 인정된다 할 것인데 검사의 피의자에 대한 불기소처분은 그 이유가 없는 것이므로 피의자 ○○○에 대한 공소제기결정을 구하기 위하여 이건 재정신청에 이른 것입니다.

소명자료 및 첨부서류

1. 불기소처분통지서   1통
2. 불기소처분이유서   1통
3. 항고기각통지서   1통
4. 게시물   1통

○○○○ 년 ○○ 월 ○○ 일

위 신청인(고소인) : ○ ○ ○   (인)

광주 고등법원 귀중

재 정 신 청 서

사 건 번 호 : ○○○○형 제○○○○호   사기방조

신 청 인(고 소 인) :   ○   ○   ○

피 고 인(피 의 자) :   ○   ○   ○

○○○○ 년 ○○ 월 ○○ 일

위 신청인(고소인) : ○   ○   ○   (인)

대구 고등법원 귀중

재 정 신 청 서

1.신청인(고소인)

성 명	○ ○ ○	주민등록번호	생략
주 소	경상북도 영천시 ○○로○○길 ○○, ○○○호		
직 업	상업	사무실 주 소	생략
전 화	(휴대폰) 010 - 2349 - 0000		
사건번호	대구지방검찰청 ○○○○형 제○○○○호 사기 사건 의 고소인 겸 신청인		

2.피고인(피의자)

성 명	○ ○ ○	주민등록번호	생략
주 소	경상북도 경산시 ○○로 ○길 ○○, ○○○호		
직 업	무지	사무실 주 소	생략
전 화	(휴대폰) 010 - 7765 - 0000		
사건번호	대구지방검찰청 ○○○○형 제○○○○호 사기 사건 의 피고인 겸 피의자		

피의자 ○○○에 대한 대구지방검찰청 ○○○○년 형제○○○○호 사기방조 고소사건에 관하여 대구지방검찰청 검사 ○○○은 ○○○○. ○○. ○○. 불기소처분을 하였는바, 신청인(고소인)은 이에 불복하여 대전 고등검찰청 ○○○○년 불항 제○○○○호로 항고하였으나, ○○○○. ○○. ○○. 항고기각 결정을 통지받았으므로 이에 불복하여 재정신청을 합니다.

신청취지

1. 피의자 ○○○에 대한 대구지방검찰청 ○○○○년 형제○○○○호 사기 사건에 대한 공소제기를 결정한다.

라는 재판을 구합니다.

신청이유

1. 피의자의 범죄사실

가. 고소인은 ○○○○. ○○. ○○. ○○:○○경 수사기관을 사칭하는 성명불상자로부터 개인정보가 유출되어 대포통장이 개설되어 범죄에 이용되고 있다는 전화를 받고 그가 알려주는 사이트에 접속하여 금융거래에 필요한 개인정보를 입력하였습니다.

나. 성명불상자는 고소인 명의의 ○○은행계좌에서 피의자 명의의 ○○은행계좌로 70,000,000원을 임의로 이체하였습니다.

다. 피의자의 ○○은행계좌에는 ○○○○. ○○. ○○. ① ○○:○○경 이○○ 명의로 3,000천만 원, ② ○○:○○경 고소인 명의로 5,000천만 원, ③ ○○;○○경 고소인 명의로 2,000천만 원 등 합계 1억 원이 입금되었습니다.

라. 피의자는 그날 ① ○○:○○경 ○○은행 ○○지점에서 5,000천만 원, ② ○○:○○경 ○○은행 ○○지점에서 5,000천만 원을 인출하였습니다.

마. 이에 고소인의 고소에 따라 피의자를 컴퓨터등사용사기방조죄로 인지한 경찰은 ○○○○. ○○. ○○. 피의자를 소환하여 그의 진술을 들었습니다. 피의자는 경찰에서, 대부업체로부터 돈을 대출받는 과정에서 ○○○이라는 사람과 전화통화를 하면서 신용등급을 올리기 위해

필요하다는 말을 믿고 ○○○이 시키는 대로 자신의 계좌에 입금된 돈을 찾아 전액 현금으로 전달하였다고 진술하였습니다.

2. 불기소처분의 이유

이 사건에 대한 검사 ○○○의 불기소처분 요지는,

가. 피의자의 진술

○ 당시 대출이 급한 상황이라 비정상적 거래라는 생각을 하지 못하였다고 진술하였다.

○ 피의자는 대출을 해주겠다는 이○○의 사진이 포함된 명함 사본과 상담신청서 등 서류를 보관하고 있고, 이○○ 등의 연락처를 보관하고 있을 뿐 아니라 피의자는 대가를 취득한 사실이 없다고 진술하였습니다.

나. 고소인의 진술

○ 피의자의 ○○은행계좌에는 ○○○○. ○○. ○○. ① ○○:○○경 이○○ 명의로 3,000천만 원, ② ○○:○○경 고소인 명의로 5,000천만 원, ③ ○○;○○경 고소인 명의로 2,000천만 원 등 합계 1억 원이 입금된 사실을 알고 피의자는 그날 ① ○○:○○경 ○○은행 ○○지점에서 5,000천만 원, ② ○○:○○경 ○○은행 ○○지점에서 5,000천만 원을 모두 1억 원을 모두 현금으로 인출하여 범인에게 전달한 것입니다.

다. 의견

○ 검사 ○○○은 피의자를 ○○○○. ○○. ○○.조사하였는데, 피의자는 경찰에서와 같은 취지로 진술하면서 당시 대출이 급한 상황이라 비정상적 거래라는 생각을 하지 못하였다고 주장하였다.

○ 피의자의 진술만 듣고 다음날 ① 피의자에게 동종 전과가 없고,

② 피의자가 제출한 이○○의 사진이 포함된 명함 사본과 상담신청서 등 서류가 그의 주장에 일부 부합하며, ③ 피의자가 이○○ 등의 연락처를 보관하고 있으며, ④ 피의자가 대가를 취득한 사실이 확인되지 않는다는 등의 이유로 이 사건 불기소처분을 한다는 데 있습니다.

3. 불기소처분에 대한 반론

그러나 이 사건 검사 ○○○의 위와 같은 불기소처분은 다음과 같은 이유에서 부당합니다.

가. 피의자 진술의 신빙성

(1) 피의자는 자신의 실명계좌를 이용하여 거래했고, 그가 제출한 자료에 따르면 실제로 대부업체로부터 대출을 받으려고 시도한 것으로 보이며, 이 사건으로 이익을 취득하였음을 인정할 수 있는 자료도 없습니다.

(2) 이런 사정은 피의자에게 범죄 혐의가 없음을 뒷받침하는 자료가 될 수 있습니다.

(3) 그러나 피의자의 경찰과 검찰에서의 진술에 일부 서로 어긋나는 부분이 있고, 다음과 같은 사정에 비추어 보면 피의자에게 최소한 전화를 이용한 사기 범행의 방조 혐의를 인정할 수 있는 여지가 있습니다.

피의자는 대출을 권유하는 문자메시지를 받고 문의하는 과정에서 자신의 계좌로 입금되는 돈을 인출하여 전달해주는 방법으로 신용등급을 올려야 대출이 가능하다는 이야기를 그대로 믿었다고 진술하고 있습니다.

(4) 그러나 개인 명의로 입금된 돈을 찾아 제3자에게 전달함으로써 신용등급이 올라간다는 것은 상식적으로 납득할 수 없는 것인데, 피의자는 서울에서 명문대학을 졸업하고 여러 차례 대부업체나

제2금융권으로부터 대출을 받은 경험이 있는 피의자가 이런 말에 속았다는 것 자체가 쉽게 이해하기 어렵습니다.

(5) 자신의 은행계좌에서 돈을 입출금함으로써 신용등급이 올라가는 것으로 믿었다고 하더라도, 1억 원이나 되는 현금을 은행을 2차례나 옮겨가며 현금으로 인출하여 은행 앞 도로에서 처음 보는 사람에게 그대로 전달하였다는 피의자의 진술은 액면 그대로 믿기 어렵습니다.

피의자도 ① 경찰에서는 첫 번째 돈을 인출하여 전달할 때 의심이 들어 두 번째 돈을 찾아 전달할 때 ○○○에게 보이스피싱이 아니냐고 물었더니 그렇다면 한 번에 끝내지 여러 번 시키겠냐고 하여 믿었다고 진술하였고, ② 검찰에서는 첫 번째 돈을 인출할 때 약간 의심이 가서 ○○○에게 이 돈이 무슨 돈이냐고 물었더니 대출받은 돈을 돌려받는 것인데 신용등급을 올리기 위해 피의자의 계좌를 이용하는 것이라고 하여 믿었고, 그렇다면 송금하면 되지 않느냐고 했더니 직원에게 전달해 달라고 하여 그대로 하였다는 취지로 진술하였습니다.

(6) 피의자는 스스로 보이스피싱을 의심하였다고 하면서 ○○○이라는 사람의 설득력 없는 해명을 그대로 믿었다는 피의자의 진술은 납득하기 어렵습니다.

(7) 피의자는 경찰에서 조사받으면서 ○○은행 ○○지점에서 현금을 인출할 때 사용처를 묻는 은행직원에게 ○○○이 사전에 알려준 대로 계약금에 사용한다고 답하였다고 진술하였습니다.

그러나 피의자에게 현금을 인출해 준 은행직원은 피의자가 거래처에 줄 돈과 직원들 월급으로 필요하다고 하며 현금을 요청하였다고 진술하고 있습니다.

신용등급을 올리기 위해 은행거래를 하면서 현금 사용처를 속인다는 것도 선 듯 이해하기 어려울 뿐만 아니라, 현금 사용처에 대하여도 은행직원과 다른 내용으로 진술하고 있는 피의자의 진술은 그대로 믿기 어렵습니다.

(8) 피의자는 돈을 인출한 뒤 ○○은행으로부터 보이스피싱에 연루되었다는 전화나 문자메시지를 받고도 곧바로 수사기관에 신고하는 등 조치를 취하지도 않았습니다.

(9) 피의자는 ○○은행으로부터 전화 연락을 받고 ○○○에게 전화하였더니 해프닝이라고 하여 그대로 있었다고 진술하고 있는데, 이러한 주장도 설득력이 없습니다.

나. 검사의 수사미진 및 법리오해

(1) 그렇다면 검사 ○○○로서는, ① 피의자의 학력과 경력 등을 고려할 때 금융기관 대출상담 등을 통해 자신의 신용상태를 확인한 적이 있는지 여부와 관련 금융지식의 정도 등을 조사하였어야 하고, ② 두 차례에 걸쳐 돈을 인출하는 과정에 관하여 피의자의 구체적 진술에 일관성이 없으므로 당시 상황에 대한 정확한 진술내용을 정리하고 상식에 어긋나는 부분을 확인하였어야 하며, ③ 피의자의 휴대전화에 담겨져 있는 문자메시지나 통화내역, ○○은행에서 피의자에게 보이스피싱에 연루되었음을 통보한 문자메시지나 통화내용을 조사하고, ④ 피의자가 대출상담을 하였다는 이○○의 실존 여부 등도 반드시 확인하고 진실을 파헤쳤어야 합니다.

(2) 그런데 검사 ○○○은 위와 같은 사항을 조사하고 확인하였다면 그 결과에 따라서는 고소인이 주장하는 피의자의 혐의가 인정될 가능성을 배제할 수 없습니다.

(3) 그럼에도 불구하고 검사 ○○○은 충분한 조사를 하지 않고 피의자의 진술만 듣고 그의 변명을 그대로 받아들여 무혐의처분을 하였는데, 이는 중대한 수사미진 및 법리오해에 따른 자의적 검찰권의 행사입니다.

4. 결론

이상의 사실에 의하여 피의자에 대한 범죄행위는 충분히 인정된다 할 것이므로 검사 ○○○의 피의자에 대한 불기소처분은 그 이유가 없음으로 피의자 ○○○에 대한 공소제기결정을 구하기 위하여 이건 재정신청에 이른 것입니다.

소 명 자 료 및 첨 부 서 류

1. 불기소처분통지서   1통
2. 불기소처분이유서   1통
3. 항고기각통지서   1통
4. 계좌이체확인서   1통
5. 입출금내역서   1통

○○○○ 년 ○○ 월 ○○ 일

위 신청인(고소인) : ○ ○ ○ (인)

대 구 고 등 법 원 귀 중

(19)재정신청서 - 물품공급 사기 불기소처분 처음부터 의사능력 없어 공소제기 결정 청구
재정신청서 최신서식

재 정 신 청 서

사   건 : ○○○○형제○○○○호 사기

재 정 신 청 인(고소인) : ○   ○   ○

피재정신청인(피고소인) : ○   ○   ○

수원 고등법원 귀중

재정신청서

재 정 신청인	①성 명	○ ○ ○		②주민등록번호	생략
	③주 소	수원시 ○○구 ○○로 ○○, ○○-○○호 (☎ 010 - 8765 - 0000)			
피재정 신청인	④성 명	○ ○ ○		⑤주민등록번호	생략
	⑥주 소	안양시 ○○구 ○○로 ○○길 ○○○호 (☎ 010 - 1278 - 0000)			
⑦ 사 건 번 호		○○○○형제○○○○호 ○○○○고불항○○○○호			
⑧ 죄 명		사기			
⑨ 처 분 일 자		○○○○ 년 ○○ 월 ○○ 일			

위 고소사건에 대한 수원지방검찰청 안양지청 ○○○○형제○○○○호 사기 피의사건에 대하여 불기소처분 결정이 있었고, 재정신청인은 이에 대해 수원 고등검찰청 ○○○○고불항○○○○호로 항고하였으나 ○○○○. ○○. ○○. 항고기각결정이 있었습니다.

따라서 위 재정신청인은 위 항고기각결정에 대한 통지를 ○○○○. ○○. ○○. 수령하였으므로 형사소송법 제260조에 따라 재정신청서를 제출합니다.

신청취지

1. 피재정신청인에 대한 수원지방검찰청 안양지청 ○○○○형제○○○○호 사기 피의사건에 대하여 피재정신청인 ○○○을 수원지방법원 안양지원의 심판에 부한다.

라는 재판을 구합니다.

신청이유

1. 고소사실의 요지에 관하여,

피고소인 ○○○(이하"피의자"라고만 하겠습니다)는 경기도 안양시 ○○구 ○○로○길 ○○소재에서 물품유통 및 입찰대행업을 하는'○○유통'이라는 상호의 사업체를 실질적으로 운영하는 자이고, 고소 외 ○○○은 피의자의 친형으로서 위'○○유통'의 명의상 대표자입니다.

그런데 피의자는 ○○유통을 운영하면서 ○○○○. ○○.○○.부터 ○○○○. ○○. ○○. 사이에 집중적으로 재정신청인(이하"고소인"이라고만 줄여쓰겠습니다) 업체를 비롯하여 다른 여러 업체들과 개인들로부터 관공서 등에 입찰물품을 납품하려하는데 납품 후에 대금결제를 해주겠다며 물품을 먼저 선납 받거나, 혹은 관공서 등에 물품을 공급하는 업체들로부터 위임을 받아 입찰대행을 하고 낙찰이 되면 필요물품을 납품해야 한다면서 공급물품 대금을 선납 받았습니다.

그러나 납품한 물품대금을 결제하지 않거나 낙찰된 관공서에 물품을 공급하지 않아 고소인의 업체를 비롯하여 다른 여러 업체들과 개인들에게 합계금 ○○○,○○○,○○○원 상당의 피해를 입힌 채 ○○○○. ○○. ○○.'○○유통'에서 물품과 금원을 챙겨 야반도주하였던바, 그 과정에서 고소인의 업체는 ○○○○. ○○. ○○. ○○유통으로부터 군납할 집진기를 발주 받아 선금 ○○○만원을 받고 ○○○○. ○○. ○○. ○○○만원 가액의 집진기를 납품하였으나, 잔금 ○○○만원이 입금되지 않아 위 금원의 피해 뿐 아니라 군납이란 신뢰도가 높은 특수성에 대한 영업 확대 계획을 수정해야 하는 정신적 피해를 보았습니다.

그리고 고소인의 업체가 위 거액의 집진기를 납품한 대금지불기일 전인 ○○○○. ○○. ○○. 피의자는 물품과 금원을 챙겨 야반도주한 후 고소인의 고소로 수배 중이던 ○○○○. ○○. ○○. 안양 ○○경찰서에 출석할 때까지 행적을 감추었습니다.

위와 같은 사실에 비추어, 피의자는 고소인의 업체로부터 물품을 공급받더라도 그 대금을 결재할 의사가 없었으나 선금 ○○○만원은 독촉에 의해 송금하여 의심을 잠재우고 고의적으로 그 사실을 숨긴 채 고소인을 기망하여 ○○○만원 가액의 집진기를 납품받은 후 잔금 ○○○만원을 지불하지 않은 체 도주하였던 바, 이러한 피의자의 행위는 사기죄에 해당함이 명백하다고 할 것입니다.

한편 고소 외 ○○○은 피의자의 친형으로서 피의자가 운영하는 ○○유통의 대표자로 사업자등록증을 개설하고 더욱이 자기명의로 개설한 ○○유통의 사업자 통장을 소지하고 있는 바, 이에 비추어 고소 외 ○○○이 ○○유통의 업무에 일체 관여하지 않았다고 단정할 수 없고 ○○유통을 운영하면서 고소인을 비롯하여 여러 업체들과 개인들에 대해 사기 범행 사실을 전혀 몰랐다고는 할 수 없습니다.

피의자의 범행을 사전에 인지하고 있었을 가능성이 대단히 크다고 할 것인 바, 이 사건 사기범행을 공모했거나 아니면 최소한 피의자의 범행을 암묵적으로 묵인하여 범행을 방조하였다고 할 것인 바, 이러한 고소 외 ○○○의 행위는 피의자의 사기범행에 대한 공범 내지 그 방조에 해당된다고 할 것입니다.

2. 불기소 이유에 관하여,

담당 검사는 별도의 수사절차 없이 이 사건 피의사실의 요지에 관하여 사법경찰관리가 작성한 의견서 기재 범죄 사실을 원용한 후, 피의자의 사기범죄혐의에 관한 불기소처분의 이유를 첨부서류1.의 불기소이유통지서 기재내용과 같이 설시하고 있습니다.

그런데 사법경찰관리가 작성한 의견서에 의하면 피의자의 사기 혐의에 대하여

가. 피의자가 납품과정에서 반품을 받다보니 재고가 쌓이고 그러다보니 자금압박을 받아서 잠시 생각을 정리하려고 연락을 끊었다고 진술한 점,

나. 납품도중 피해를 보았다고 진술하였고 ○○○만원의 집진기를 납품하고 ○○○만원은 지급받지 못하였다고 진술하는 점 등으로 보아 계속적인 거래관계가 있었던 점,

다. 피의자가 ○○○만원을 일부 정산금액으로 송금하여 변제의사가 있는 점」을 이유로, 피의자 ○○○의 사기 혐의에 대하여 피의사실을 인정할 만한 증거가 없어 혐의 없음의 불기소처분을 하였다고 되어 있고,

라. 고소 외 ○○○에 대하여는 피의자가 사업자등록을 할 수 없는 상태여서 명의만 빌려주었을 뿐 ○○유통 사업에 관여한 사실이 없다는 피의자의 진술에 기초해 사기혐의가 없다고 판단하였습니다.

3. 항고 이유에 관하여

그러나 위 불기소처분 이유서의 내용은, 피의자의 일방적 진술에 기초해 아래에서 보는 바와 같은 실체적 진실과 전혀 다른 사실인정을 하였고 또한 수사 과정에서 사실 확인을 위한 고소인에 대한 어떠한 조사도 없이 피의지의 전혀 납득할 수 없는 일방적인 진술을 그대로 인정하여 미진한 수사가 이루어졌음을 알 수 있습니다.

고소인과 거래 당시 피의자는 미필적으로나마 의도적인 편취의 범의가 있었고, 기망을 통해 물품대금 상당의 금원을 편취하고 5개월여 잠적하였습니다.

피의자로부터 사기피해를 당한 여러 업체들과 개인들의 고소내용이 합쳐진 이 사건 고소장의 고소내용과 이 사건 불기소처분이유상의 사실관계 내용에서 파악된 사실을 종합하여보면, 피의자는 ○○유통을 운영하면서 고소인으로부터 관공서 등에 대한 입찰물품 납품 명목으로 외상으로 물품을 선납 받거나 혹은 입찰대행을 위임받아 낙찰이 되면 필요물품을 납품해야 한다며 물품대금을 선납 받았는데, 이는 ○○○○. ○○. ○○.부터 ○○○○. ○○. ○○. 사이에 집중적으로 이루어졌고, 거래 업체가 십 수여개 업체로 이 사건 고소장 기준으로만 하더라도 십여 개의 다수업체로

부터 연이어 외상으로 물품 및 물품대금을 선납 받아왔고 그 외상 합계금액만도 무려 ○○○,○○○,○○○원에 달할 정도의 거액에 이르고 있었습니다.

그러나 피의자는 신용불량상태일 뿐만 아니라 반품과 재고, 자금압박으로 인해 위 채무에 대한 변제능력이 전혀 없었고 그와 같은 상황에서 피의자는 고소인에 대해 ○○○○. ○○. ○○. 군납관련 집진기를 발주하여 전체 ○○○만원의 물품대금 중 ○○○만원을 결제하여 안심시킨 후 ○○○○. ○○. ○○. 무려 ○,○○○만원 가액의 집진기를 납품받았습니다.

고소인과 피의자간의 거래는 위 거래가 처음이었는데, 잔금 입금일자가 경과되었음에도 아무런 연락이 없었고, 설마 군납 대금인데 군에서 대금 결제가 늦어지겠지 하고 당연히 첫 거래자인 ○○유통을 믿고 기다려 보기로 하였는데, ○○○○. ○○. ○○. 경리 직원이 전화를 여러 번 하였는데도 전화를 받지 않는다는 말에 불길한 예감이 들어 피의자의 사무실을 찾아가보았더니 출입문이 자물쇠로 채워져 있고 이미 도주하여 아무도 없었습니다.

그런데'○○○가 여러 거래업자로부터 거래한 대금을 상환하지 않고 잠적하여 경찰에 수배 요청한 상태라며 어찌해야 좋을지 오늘도 현장 사무실에 와 피해업자들을 찾고 있는 중'이라 하였습니다.

피의자가 치밀한 계획에 의해 여러 업체를 대상으로 사기거래를 하면서 고소인을 마지막 대상 업체로 선정한 후 ○○○○. ○○. ○○. 납품을 받아 바로 금원을 챙겨 야반도주한 사실을 알게 되었습니다.

그리고 그 후 피의자는 고소인과 상호 연락을 주고받으며 추적을 하였으나 수원지방검찰청 안양지청에 출석할 무렵부터 행적을 감추었습니다.

위와 같은 사실에 비추어 피의자는 고소인과의 물품거래 당시 고소인에 대한 물품대금을 지급해줄 의사가 전혀 없었다고 할 수 있습니다.

특히, 고소인으로부터 납품 후 며칠 지나지 않은 시점에서 피의자가 금원을 챙겨 야반도주하여 행적을 감추었던 점, 사법경찰관리가 작성한 의견서에서도 「피의자가 납품과정에서 반품을 받다보니 재고가 쌓이고 그러다 보니 자금압박을 받아서 연락을 끊었다고 진술한 점」을 보더라도 피의자는 고소인과의 물품거래 당시 고소인에 대한 물품대금을 제때 지급해줄 의사가 없었거나 적어도 미필적으로나마 대금지급약정대로 고소인에게 물품대금을 지급하지 않으려는 의사가 있었음이 분명합니다.

만약 대금지급 약정대로 결제치 못하는 사정을 고소인에게 사실대로 고지하였다면 피의자와 거래자체를 하지 않았을 것임에도 피의자는 그 사실을 숨기고 고소인에 대해 마치 납품 후 곧바로 물품대금을 결제할 것인 양 기망하여 고소인으로부터 집진기를 납품받았고 심지어 납품 후 바로 행적을 감추었던 바, 위와 같은 피의자의 사기 행각은 피의자도 스스로 인정하고 있음에도 검사는 이를 간과하여 불기소처분을 한 것입니다.

고소 외 ○○○은 피의자의 친형으로서 피의자가 운영하는 ○○유통의 대표자로 사업자등록증을 개설하고 더욱이 자기명의로 개설한 ○○유통의 사업자명의 통장을 소지하고 있는 바, 이에 비추어 고소 외 ○○○이 ○○유통의 업무에 일체 관여하지 않았다고 단정할 수 없고 고소 외 ○○○이 ○○유통을 운영하면서 고소인 업체를 비롯하여 여러 업체들과 개인들에 대해 사기 범행을 실행하는 사실을 전혀 몰랐다고는 할 수 없고 피의자의 범행을 사전에 인지하고 있었을 가능성이 대단히 크고 할 것인 바, 사기범행을 공모했거나 범행을 암묵적으로 묵인하여 범행을 방조하였다고 할 것인 바, 이러한 고소 외 ○○○의 행위는 피의자의 사기범행에 대한 공범 내지 그 방조범으로서의 기소를 하였어야 함에도 검사는 불기소처분을 하였습니다.

4. 요망사항

고소인은 영세한 회사로서 피의자의 악의적인 사기 범죄로 인하여 거액의 거래물품을 편취당한 후 이루 말할 수 없는 물질적, 정신적 피해를 입고 있음에도 피의자는 고소인에 대해 정신적 피해의 어떠한 위로도 없었고 물질적 피해도 법망을 피해보려는 얕은 행위가 그 죄질이 극히 불량하고 범의 충분히 입증되고 있습니다.

이상의 이유로 검사 ○○○의 피재정신신청인에 대한 불기소처분은 그 이유 없으므로 피재정신청인 ○○○을 공소제기 결정을 바라와 이 사건 재정신청에 이르렀습니다.

소명자료 및 첨부서류

1. 고소장 사본   1통
2. 사실관계서류   2통

○○○○ 년 ○○ 월 ○○ 일

위 재정신청인 : ○ ○ ○　　(인)

수원 고등법원 귀중

(20)재정신청서 - 횡령죄 불기소처분 불복으로 항고제기 항고기각 고등법원에 제기하는 재
　　　정신청 최신서식

재 정 신 청 서

사　　　　　　　건　:　○○○○형제○○○○호　횡령

재 정 신 청 인(고소인)　:　○　　　　　○　　　　　○

피재정신청인(피고소인)　:　○　　　　　○　　　　　○

서울 고등법원 귀중

재 정 신 청 서

재 정 신청인	①성 명	○ ○ ○	②주민등록번호	생략
	③주 소	서울시 ○○구 ○○로 ○○, ○○-○○호 (☎ 010 - 4534 - 0000)		
피재정 신청인	④성 명	○ ○ ○	⑤주민등록번호	생략
	⑥주 소	서울시 ○○구 ○○로 ○길 ○○○, ○○호 (☎ 010 - 9981 - 0000)		
⑦ 사 건 번 호		서울서부지방검찰청○○○○형제○○○○호 서울 고등검찰청 ○○○○고불항○○○○호		
⑧ 죄 명		횡령		
⑨ 처 분 일 자		○○○○ 년 ○○ 월 ○○ 일		

피의자 ○○○에 대한 서울서부지방검찰청 ○○○○년 형제○○○○호 횡령 고소사건에 관하여 서울서부지방검찰청 검사 ○○○은 ○○○○. ○○. ○○. 불기소처분을 하였는바, 신청인(고소인)은 이에 불복하여 서울 고등검찰청 ○○○○년 불항 제○○○○호로 항고하였으나, ○○○○. ○○. ○○. 항고기각 결정을 통지받았으므로 이에 불복하여 아래와 같이 재정신청을 합니다.

신청취지

1. 피의자 ○○○에 대한 서울서부지방검찰청 ○○○○년 형제○○○○호 횡령 고소사건에 대한 공소제기를 결정한다.

   라는 재판을 구합니다.

신청이유

1. 피의사실의 요지

재정신청인(이하"고소인"이라고 줄여 쓰겠습니다)은 지방으로 급히 출장을 가면서 피재정신청인(이하"피의자"라고 합니다)에게 은행에 지급하여야 할 대출금 3,000만 원을 보관하고 대신 이를 변제해 달라고 하였는데 대출금을 상환하지 않고 보관하던 중 개인적인 용도로 소비하고 반환을 요구해도 반환을 거절하여 횡령죄로 고소를 제기한 것입니다.

2. 피의자의 범죄에 관한 증거설명

피의자에게 고소인이 대출금상환을 부탁하면서 3,000만원을 보관하면서 ○○은행으로부터 인출한 근거를 제출하고 보관사실을 입증하였으나 돈을 받은 사실이 없다는 피고소인의 억지주장을 인용해 불기소 처분한 것입니다.

따라서 고소인은 그 동안 위 피의자가 거짓말을 하고 있는 입증할 많은 증거와 증인을 제시하고 피의자의 횡령혐의를 입증하였으나 검찰에서 번번이 받아들여지지 아니하였고, 이 사건 고소마저 무혐의로 처리되고 말았습니다.

3. 결론

이 사건 검사가 무혐의 처분을 한 것은 고소인의 고소사실을 제대로 파악하지 아니하고 중요한 증거의 판단을 빠뜨린 것이며, 실체적 진실을 외면한 것이라 아니할 수 없습니다.

참고인 진술과 압수한 증거물 기타 제반사정을 종합검토하면 피의사실에 대한 증거는 충분하여 그 증명이 명백함에도 불구하고 증거가 불충분하다는 이유로 불기소처분 한 것은 부당하고 검사의 기소독점주의를 남용한 것이라 아니할 수 없습니다.

이상의 사실에 의하여 피의자에 대한 범죄행위는 충분히 인정된다 할 것인데 서울서부지방검찰청 검사 ○○○의 피의자에 대한 불기소처분은 그 이유가 없는 것이므로 피의자 ○○○에 대한 공소제기결정을 구하기 위하여 이건 재정신청에 이른 것입니다.

소명자료 및 첨부서류

1. 통장에서 인출한 근거   1통
1. 증인진술서   1통

○○○○ 년 ○○ 월 ○○ 일

위 재정신청인 : ○ ○ ○   (인)

서울 고등법원 귀중

▣ 편 저 대한법률콘텐츠연구회 ▣

(연구회 발행도서)

· 공소장의견서 정식재판청구서 작성방법과 실제
· 민사소송 답변서 작성방법
· (사례별) 재정신청 항고장 · 항고이유서
· 지급명령 이의신청서 답변서 작성방법
· 지급명령 신청방법
· 새로운 고소장 작성방법 고소하는 방법
· 민사소송 준비서면 작성방법
· 형사사건 탄원서 작성 방법
· 형사사건 양형자료 반성문 작성방법

불기소처분 항고기각 고등법원 재정신청서 실무지침서
불기소처분 고등법원 재정신청서 작성방법

2023년 11월 25일 인쇄
2023년 11월 30일 발행

편 저   대한법률콘텐츠연구회
발행인   김현호
발행처   법문북스
공급처   법률미디어

주소   서울 구로구 경인로 54길4(구로동 636-62)
전화   02)2636-2911~2, 팩스 02)2636-3012
홈페이지   www.lawb.co.kr

등록일자   1979년 8월 27일
등록번호   제5-22호

ISBN   979-11-93350-08-9 (13360)

정가   28,000원

이 도서의 국립중앙도서관 출판예정도서목록(CIP)은 서지정보유통지원시스템 홈페이지(http://seoji.nl.go.kr)와 국가
자료종합목록 구축시스템(http://kolis-net.nl.go.kr)에서 이용하실 수 있습니다.